AF588591

STATISTIQUE
de la Commune d'Arçonnay

rédigée en l'an IX (1801)
par M. d'HAUTECLAIR

publiée avec une Notice sur l'auteur
et annotée

PAR

M. l'abbé LETACQ et M. l'abbé LEGROS

Membres Associés de la Société d'Agriculture Sciences et Arts
de la Sarthe

LE MANS
IMPRIMERIE MONNOYER
12, PLACE DES JACOBINS, 12

1913

STATISTIQUE DE LA COMMUNE D'ARÇONNAY

rédigée en l'an IX (1801), par M. d'HAUTECLAIR

publiée avec une Notice sur l'auteur et annotée

par

M. l'abbé LETACQ et M. l'abbé LEGROS

Membres associés

Cette statistique, dont le manuscrit est resté aux Archives municipales d'Arçonnay, fut rédigée à la demande de la Société libre des Arts du Mans, qui continuait, sous un nom différent, les travaux du Bureau d'Agriculture fondé en 1761 (1). Aussi est-elle à peu près entièrement consacrée à l'économie rurale.

Au titre de membre de la Société des Arts, l'auteur joignait ceux de Conseiller général de la Sarthe, de Président du canton de Saint-Paterne et d'Associé du Lycée d'Alençon, justifiés par les fonctions d'Ingénieur des Ponts et Chaussées, qu'il avait remplies avec la plus haute distinction, sous l'Ancien régime, pendant près de 40 ans.

Retiré à son manoir de la Chevalerie (2) pendant la Révolu-

(1) A. Gentil. *Migrations d'une Bibliothèque; notes pour servir à l'Histoire de la Société d'Agriculture, Sciences et Arts de la Sarthe.* — Bulletin de cette Société, 1909-10, 1er fasc., p. 13.

(2) La terre de la Chevalerie (commune d'Arçonnay), fut achetée le 5 janvier 1640 par Mathurin Hébert, bourgeois d'Alençon, arrière grand-père de M. d'Hauteclair, de Jean Cannet, sieur de la Saussaye et Françoise Du Fayel son épouse, qui habitaient la paroisse de Mosles (Calvados. *Notes manuscrites* de M. l'abbé Legros, curé d'Arçonnay. — Hauteclair est le nom de la ferme contigüe au parc de la Chevalerie ; elle se trouve sur le bord d'un ancien chemin d'Alençon à Fresnay. C'est pour cela que le chemin vicinal, qui suit ce tracé, est encore appelé aujourd'hui *chemin d'Hauteclair*. Il est probable que la famille Hébert, possédait la ferme avant d'avoir acquis le château.

tion, vivant au milieu des laboureurs, il appliquait ses connaissances scientifiques au progrès des différentes branches de l'Agriculture. La vieillesse n'avait pu refroidir son ardeur pour le travail, et il voulait que ses dernières recherches servissent encore les intérêts de ses compatriotes. Il faut reconnaître qu'à ce moment, malgré les efforts faits pendant la seconde moitié du XVIIIe siècle pour hâter le progrès agricole, les paysans de nos régions, routiniers par nature, n'étaient guère plus avancés que leurs ancêtres du Moyen-Age.

Le Précis de M. d'Hauteclair comprend la topographie de la commune d'Arçonnay, l'état de sa population, les industries qu'on y exerce, et indique les améliorations dont l'agriculture serait susceptible. M. d'Hauteclair aurait voulu étendre son travail à tout le canton de Saint-Paterne, mais n'ayant pu obtenir que fort peu de renseignements près des maires des autres communes, il dut se contenter de décrire d'une façon un peu complète celle qu'il habitait. Cette monographie est d'autant plus intéressante à imprimer, qu'il n'y a pas de commune dans le pays, sur laquelle on possède un inventaire aussi détaillé et aussi précis de l'état de l'agriculture, et des conditions de la classe agricole à l'époque de la Révolution.

Il nous semble de toute justice de faire précéder cette publication d'une courte notice sur l'auteur. Nous l'empruntons, en partie, à l'*Eloge* écrit par Nioche de Tournay, et conservé dans les Archives de notre Société (XVI, D, 8).

Nicolas-Jacques-Augustin Hébert d'Hauteclair, naquit le 10 juin 1732 (1). Son père, Jacques-Augustin Hébert d'Hauteclair, baptisé le 14 février 1697, était le douzième et dernier enfant de Mathurin Hébert, sieur de la Chevalerie, conseiller du Roi, procureur du Roi en l'élection d'Alençon, marié le 26 juillet

(1) On ne trouve pas son acte de naissance sur les registres paroissiaux d'Arçonnay; il naquit probablement à Paris, où ses parents passaient une partie de l'année.

1676 à Marthe Fouquelin, sœur d'Alexandre Fouquelin, écuyer, secrétaire du Roi (1).

Le jeune d'Hauteclair entra à l'Ecole des Ponts et Chaussées en 1750, l'année même où elle venait d'être fondée sur l'initiative du célèbre ingénieur Perronet.

Perronet, ingénieur de la Généralité d'Alençon de 1737 à 1747 (2), et en résidence dans cette ville, se trouvait nécessairement en rapport avec la meilleure société, en particulier avec Jacques-Augustin d'Hauteclair, l'un des échevins d'Alençon, au moment où il construisit le Pont-Neuf et la tour de Notre-Dame. Qui sait s'il ne connut pas son fils, et témoin de ses heureuses dispositions pour l'étude, n'engagea pas la famille à l'envoyer à l'École confiée à sa direction?

Si l'hypothèse est une réalité, Perronet n'eut pas à se repentir de sa démarche; son protégé lui fit honneur. Il obtint de si brillants succès, que d'élève il ne tardait pas à devenir maître : au bout de deux ans d'études, il fut choisi parmi ses camarades pour enseigner les mathématiques et resta chargé de ce cours jusqu'à la fin de l'année 1754.

Ses fortes et complètes études, jointes à la haute probité qu'il apportait dans l'accomplissement de ses fonctions, lui valurent un avancement rapide; peu d'hommes se sont fait une idée plus haute de leurs devoirs que M. d'Hauteclair. Voici ses états de services :

Au commencement de 1755, il est nommé sous-ingénieur des Ponts et Chaussées dans la Généralité de Caen. On ne tarda pas sans doute à reconnaître son mérite, car le 15 novembre de la même année l'Académie de cette ville l'admit parmi ses membres titulaires (3).

(1) Comte de Souancé. *Documents généalogiques d'après les registres des paroisses d'Alençon, 1592-1790.* Paris, H. Champion, 1908, in-8°, IV, 486 pages.

(2) H. Chéguillaume. *Perronet, ingénieur de la Généralité d'Alençon.* — Bull. Soc. Hist. et Arch. de l'Orne, t. X (1891), p. 40-117.

(3) Il figure encore au nombre des Membres de l'Académie en 1781, avec cette mention « n'habitant plus la ville », mais depuis plusieurs années

1er janvier 1763. Il reçoit comme étrennes sa nomination de sous-inspecteur. Il en fut sans doute doublement heureux, car il put mettre ce titre dans la corbeille de sa fiancée, Marie-Sophie Bourguignon d'Anville, fille du célèbre géographe, qu'il épousa cette année même à Paris; le mariage fut célébré dans l'église de Saint-Germain-l'Auxerrois. « Dieu bénit cette union, dit Nioche de Tournay; elle fut la plus parfaite; l'amitié qu'ils s'étaient voués fut d'autant plus solide qu'elle était fondée sur l'estime réciproque, sur une confiance illimitée et particulièrement encore sur des sentiments de religion. » De ce mariage naquirent deux enfants, Marie-Adélaïde et Nicolas-Pierre.

Le mariage de M. d'Hauteclair avec la fille de d'Anville amena celui-ci de temps en temps au château de la Chevalerie. « Autour de lui se réunissait une société d'élite venue d'Alençon et des environs. C'était un modeste, qui faisait peu de bruit, mais il ne pouvait se soustraire à l'hommage discret rendu à la notoriété de ses travaux (1). »

8 mars 1770. M. d'Hauteclair, qui avait été, quelque temps auparavant, pourvu d'un office de trésorier de France au bureau des finances de la Généralité de Paris, est nommé à la direction des Ponts et Chaussées dans la même Généralité.

28 mars 1778. Surveillance des travaux du canal de Bour-

déjà il ne résidait plus à Caen. Cfr. Louis DUVAL, *Les Ornais d'Autrefois, Lauréats des Palinods et membres des Anciennes Académies de Rouen et de Caen XVIIe et XVIIIe siècles*. Alençon, Herpin, 1902, in-8° p. 22, Extrait de la *Revue normande et percheronne*.

(1) Vicomte du MOTEY. *Un homme d'aujourd'hui : le Baron Amaury de la Barre de Nanteuil*, Paris, Jouve, 1911, in-8°, p. 3. — Le baron de Nanteuil, décédé au château de la Chevalerie en 1908, était un des arrière-petit-fils de d'Anville ; il a fait placer, dans la cour d'honneur, la statue de son aïeul en marbre de Carare. — V. l'*Eloge de d'Anville*, par Dacier, dans les *Mémoires de l'Académie des Inscriptions et Belles-Lettres*, t. XLV, p. 160, et par Condorcet dans les *Mémoires de l'Académie des Sciences*. M. de Manne, conservateur de la Bibliothèque Nationale, dans la nouvelle édition qu'il a donnée des *Œuvres de d'Anville*, Paris, Impr. Royale, 1834, reproduit la notice de Dacier, au début du tome 1er.

La propre sœur de d'Anville, dame Jeanne-Gabrielle Bourguignon, veuve de Christophe Le Maître, attaché à la maison du Roi, mourut à la Chevalerie, le 30 août 1776, et fut inhumée le lendemain dans l'église d'Arçonnay par M. François Delarivière, curé-doyen de Champfleur. Cfr. *Almanach paroissial d'Arçonnay pour 1909*, p. 11.

gogne, « en donner la réception, maintenir la police sur les ateliers. »

5 juillet 1789. Direction du Pavé de la ville, faubourg et banlieue de Paris. — De 1782 à 1789, M. d'Hauteclair est également chargé de « travailler seul ou conjointement avec le sieur intendant de la Généralité de Paris à la répartition de toutes les impositions et affaires de ladite Généralité. »

Ces dernières fonctions le préparaient à celles de délégué général de l'Intendance de Paris, auxquelles il fut appelé le 24 août 1789. Il reçut en outre plusieurs commissions, qui étaient exercées auparavant par le lieutenant de police, « telles que de parapher les registres des employés de la Ferme des Messageries, ceux de la Régie générale, et de juger en première instance, sauf l'appel au Conseil, toutes les contestations relatives à la perception des droits de contrôle des actes, petit scel, insinuation, centième denier, greffes, droits réservés et autres y joints, conformément à l'arrêt du Conseil d'État du 22 novembre 1789. »

Si M. d'Hauteclair s'acquitta de toutes ces charges avec distinction et à la satisfaction de ses chefs, sa bonté, sa bienveillance, son esprit de conciliation lui avaient également mérité l'estime et l'affection de ses subordonnés. Aussi, Louis XVI crut-il devoir lui confier, le 17 février 1791, la mission particulièrement délicate d'apaiser les troubles qui s'étaient élevés à Marly-la-Ville entre les habitants, les officiers municipaux et la garde nationale.

Mais déjà on était en pleine Révolution ; le Roi ne conservait qu'un pouvoir illusoire et les évènements prenaient chaque jour une allure plus tragique. L'Assemblée constituante ayant aboli les privilèges de la noblesse, les hauts fonctionnaires royaux, qui pour la plupart appartenaient à cet ordre, ne devaient plus compter, malgré les services rendus, sur la faveur populaire. Pour plusieurs même, Lavoisier par exemple, ces services devinrent un chef d'accusation. Aussi M. d'Hauteclair, à l'instar de plusieurs de ses collègues, se démit prudemment de tous ses emplois, et pour se faire oublier, se retira avec sa famille à sa maison de campagne d'Arçonnay. C'était en 1791, vraisemblablement vers la fin de l'année.

Bien qu'ancien fonctionnaire royal, resté fidèle à l'ancienne monarchie, M. d'Hauteclair paraît avoir vécu en bons termes avec le nouveau régime. A part une visite domiciliaire motivée par la présence de sa belle-sœur, religieuse de la Visitation, réfugiée à la Chevalerie avec une de ses compagnes (1), il ne fut pas inquiété. Il passa en paix dans son petit manoir les mauvais jours de la période révolutionnaire, estimé et aimé des habitants d'Arçonnay, qui lui témoignèrent leur confiance en le chargeant de plusieurs missions difficiles à remplir auprès des administrateurs du district de Fresnay.

Il s'occupait surtout d'Agriculture. Lavoisier avait dit : « Un riche propriétaire ne peut faire valoir sa ferme et l'améliorer sans répandre autour de lui l'aisance et le bonheur ; une végétation riche et abondante, une population nombreuse, l'image de la prospérité sont la récompense de ses soins. » Telles sont les idées qui paraissent avoir guidé M. d'Hauteclair.

Les travaux de Réaumur, des deux Jussieu, de Buffon, de Daubenton, mais surtout de Duhamel du Monceau et de Lavoisier, avaient ouvert de nouveaux horizons à l'agriculture, en montrant le parti qu'elle pouvait tirer du progrès des Sciences physiques et naturelles. Pour lutter contre la routine, M. d'Hauteclair voulut mettre à profit ces nouvelles conditions de succès et en faire connaitre les résultats autour de lui. Ainsi nous le voyons recourir lui-même à la pratique, faire valoir ses terres, se donnant modestement devant les officiers municipaux d'Arçonnay le titre de « cultivateur ».

Toutes les branches de l'agriculture attirèrent son attention : il a recherché les meilleurs procédés d'élevage, de culture, d'as-

(1) H.-M. Legros, *Petits côtés de l'Histoire ou Episodes à Arçonnay et aux environs pendant la Révolution.* Alençon Impr. Alençonnaise, 1911, in-8, 57 p: — Extrait du *Bull. Soc. Hist. et Arch. de l'Orne.*

solement des champs et des prairies, et étudié d'une façon toute spéciale l'éducation des abeilles.

L'économie forestière exerça aussi son esprit investigateur : il a montré l'utilité des plantations d'arbres le long des routes et des chemins vicinaux, et donné des indications sur les essences, qui convenaient le mieux à tel ou tel terrain ; on voit qu'il possédait des notions de géographie botanique.

De concert avec Mignon, professeur à l'École centrale de l'Orne, il s'appliqua aux observations météorologiques. « Vivant à la campagne, dit-il, et m'intéressant à tous ses travaux, j'ai senti combien il serait utile à l'agriculture de trouver un moyen de prévoir autant que possible les variations de l'atmosphère. Je pensai qu'on pouvait approcher de ce but, si on parvenait à réunir une suite d'observations faites avec soin. » Cet art de prédire le temps, n'était-ce pas le problème que se posait Le Verrier un demi-siècle plus tard, et s'efforçait de résoudre en couvrant la France d'un réseau de stations météorologiques ?

M d'Hauteclair adressa à notre Société un certain nombre de mémoires. Plusieurs ne nous sont connus aujourd'hui que par l'analyse assez détaillée qu'en a donnée son biographe, mais ce qu'il dit et la lecture, que nous avons faite des autres, suffisent pour nous montrer que ces travaux étaient le résultat d'observations faites avec sagacité, et furent rédigés avec soin. En voici la nomenclature :

1° *Observations météorologiques;*

2° *Notice sur l'éducation des abeilles;*

3° *Réflexions sur la manière d'exécuter la plantation des routes ordonnée par la loi du 9 ventôse an XIII;*

4° *Observations relatives à l'exécution de la Loy sur les finances du 5 ventôse an XII en ce qui concerne les boissons;*

5° *Tableau statistique du canton de Saint-Paterne;*

6° *Examen des effets produits par la Révolution sur*

l'agriculture dans le département de la Sarthe, suivi d'Observations sur les moyens de l'améliorer.

M. d'Hauteclair se plaisait dans les pratiques d'une vie simple et laborieuse, partageant son temps entre les devoirs de la famille, les recherches scientifiques et les travaux agricoles. Il appartenait à cette fraction de la noblesse française, déjà nombreuse au XVIIIe siècle, qui non contente de s'intéresser aux Sciences et aux Arts, s'efforce de contribuer par un travail personnel à leurs progrès. Il connut à Alençon plusieurs hommes d'étude, le Dr Odolant-Desnos, Renaut, professeur d'histoire naturelle à l'École centrale, lequel, à en juger par les indications de sa *Flore de l'Orne,* vint souvent herboriser à la Chevalerie, Mignon, professeur de physique et de chimie au même établissement, auteur d'articles concernant la physique, la météorologie et l'astronomie (1).

Aux jouissances du travail intellectuel, M. d'Hauteclair ajoutait le plaisir si doux de faire du bien. On ne sollicitait jamais en vain ses conseils, son influence et sa bourse. Bien que sa fortune fut modeste, les malheureux étaient toujours bien accueillis au château; il regrettait pourtant que ses aumônes ne fussent pas plus abondantes : « Mes facultés, écrivait-il en 1804, sont bien loin de me permettre de faire pour les pauvres qui m'entourent, et dont je connais les besoins, ce que mon cœur me dicterait. »

La vie de M. d'Hauteclair à la Chevalerie se passa, avons-nous dit, sans incidents. En 1798, il maria sa fille Marie-Adélaïde à André de Cerisay, né à Paris en 1767. Le mariage fut célébré dans la chapelle du château (2). Cette année même,

(1) A.-L. LETACQ, *Recherches sur la Bibliographie scientifique de l'Orne.* Alençon, E. Renaut de Broise, 1893, in-8, p. 23, 37, 111. — Extrait du *Bull. Soc. Hist. et Archéol. de l'Orne.*

(2) Son fils Nicolas-Pierre, né à Paris vers 1774, fut maire d'Arçonnay de 1801 à 1806. Il épousa, en 1811, à Arçonnay, Marie-Françoise Guilbert, originaire de Noyon (Oise), peu après il vint habiter Alençon. Il y est mort le 4 décembre 1847. Sa femme lui survécut de plusieurs années ; elle mourut le 12 juillet 1859.

le 7 octobre, on représenta à la Chevalerie, un petit proverbe, intitulé : *Fête du Retour, en un acte et en prose,* composé par Frécot Saint-Edme, à l'occasion du retour d'un voyage à Plombières, que venait de faire Mme d'Hauteclair. Les rôles étaient tenus par les parents et amis de la famille (1).

De 1800 à 1804, M. d'Hauteclair fit tracer le parc et reconstruire le château de la Chevalerie, qui après sa mort échurent en partage à son gendre M de Cérisay. Ils sont encore aujourd'hui la propriété de leurs descendants, qui continuent les traditions de bienfaisance de la famille.

M. d'Hauteclair mourut le 20 novembre 1806, âgé de 74 ans, laissant à tous ceux qui l'avaient connu l'exemple d'une vie de travail, de vertu et de dévouement (2).

CHAPITRE I.

I. — *Description topographique.*

La commune d'Arçonnay, située à l'extrémité septentrionale du département de la Sarthe, confine, au Nord et au Couchant, à deux communes du département de l'Orne : Saint-Germain-du-Corbis et Hellou. Bornée au Levant par les communes de Saint-Pater (3) et de Champfleur, elle l'est au Midi par celle de Bérus.

L'étendue de la surface de cette commune est d'environ

(1) Frécot Saint-Edme habitait le petit manoir de la Carlière (commune d'Hesloup), tout près de la Chevalerie. Il avait traduit, en français, l'*Enéide* de Virgile, et, malheureusement pour sa réputation d'écrivain, imprimé cette traduction. Cfr. L. de la Sicotière, *Deux poètes excentriques, Gérard des Rivières et Frécot Saint-Edme.* Bull. Soc. Hist. et Archéol. de l'Orne, t. XII (1894), p. 449. — *La Cloche d'Arçonnay, Bulletin paroissial,* juillet 1911, Supplément.

(2) Cette notice est de M. l'abbé Letacq.

(3) Bien que située à 1.500 mètres à peine d'Alençon, la commune d'Arçonnay ne touche point le territoiredе cette ville, dont elle est séparée par une petite langue de terre large de quelques mètres seulement et dépendant de Saint-Paterne.

1.534.150 toises quarrées, ce qui fait 1.140 arpens (1) de France, ou 385 hectares.

La grande route du Mans la traverse dans toute sa longueur, ainsi que deux autres chemins, qui conduisent d'Alençon l'un à Fresnay et l'autre à Bourg-le-Roi.

Celle à gauche qui s'élève de l'Est à l'Ouest par une pente assez douce, offre à l'œil un pays de bocage. Des prés de peu de largeur bordent les deux côtés du ruisseau.

La terre de la plaine est généralement pierreuse. Sa profondeur végétale n'a que 5 à 7 pouces. Elle porte sur un tuf entremêlé de pierres calcaires et de veines de sable fin jaune et blanc. Ce dernier, mis en fusion, pourrait entrer dans la composition du verre.

Dans quelques parties, au Levant et au Midi, on trouve des terres fortes et argileuses évaluées à cent arpens, dont un tiers en prés, pâtures et bois taillis. Les deux autres tiers et toute la plaine sont des terres labourables cultivées en grains (2).

Le pays couvert à la gauche du ruisseau ne présente qu'une terre franche, compacte et humide.

On trouve au Nord quelques masses de granite à gros grain, très commun aux environs d'Alençon, et des veines d'une terre blanche, farineuse et graveleuse, mêlée de mica, qu'on emploie dans la composition de la tuile. C'est une espèce de kaolin propre à faire de la porcelaine (3).

(1) L'arpent contenait 100 perches; la perche 18 pieds; la toise environ 6 pieds ou 2 mètres.

(2) La terre de la plaine est la grande oolithe ou Bathonien; elle commence à la Sarthe, porte le faubourg de Montsort et disparaît sous les « terres fortes et argileuses », qui appartiennent au Callovien inférieur et recouvrent Bois-Margot, Champfleur, la partie Sud d'Arçonnay, etc. La butte de la Feuillère, si chère aux botanistes, repose en partie sur cette formation. La carrière de sable ouverte près du château de la Chevalerie est dans l'oolithe inférieure ou Bajocien, qui forme une bande étroite le long du ruisseau de Gesnes et dont un lambeau considérable se voit non loin de là à Condé-sur-Sarthe (Note de M. l'abbé Letacq).

(3) Il s'agit ici de l'affleurement de granulite qui se voit à la Chevalerie et se rattache au massif beaucoup plus considérable d'Alençon. Les parties décomposées à la surface du sol furent autrefois exploitées comme kaolin.

Des carrières de schiste grisâtre et rougeâtre, d'une qualité plus ou moins dure, se trouvent ensuite. Comme cette pierre résiste au feu, on s'en sert pour la construction des fours à chaux et à tuile (1).

Toute la crête du côteau qui forme l'extrémité occidentale de cette partie de la commune présente une continuité de rochers et de carrières, d'une espèce de roc très dur et d'un grain ressemblant à celui du grès (2).

On ne peut mieux faire que d'employer ce roc, comme on le fait à présent, à réparer la route du Mans à Alençon, en place de la pierre calcaire dont on se servait auparavant.

Mais comme cette nouvelle pierre a été placée sans ordre, et telle qu'elle a été apportée de la carrière, il en résulte que la dite grande route se trouve plus impraticable qu'elle ne l'était auparavant, attendu que les bœufs et même les chevaux, ne pouvant pas marcher sur une chaussée raboteuse, inégale et hérissée de cornes tranchantes, les chartiers sont obligés de suivre les bernes qu'ils ont déjà rouagées au point de s'y embourber (3).

On trouve des traces de cette exploitation au bois des Aunais, à un kil. à peine de la Chevalerie, dès le début du XVIe siècle. (Cf. *A.-L. Letacq*, notice sur les travaux scientifiques de Guettard aux environs d'Alençon; et de Laigle; B. S. L. N., série IV, t. V, 1891, p. 6; — *L. Duval*, la découverte du kaolin aux environs d'Alençon; *Revue normande et percheronne*, Alençon, Herpin, 1892; — *R. de Brébisson*, le kaolin des environs d'Alençon; *Annuaire normand*, 1895, p. 206; — *A. Bigot*, Guettard, le kaolin d'Alençon et la fabrication de la porcelaine; B. S. L. N., 5e série, t. V, 1902, p. 9.)

(1) Ces schistes sont les schistes à Calymènes ou schistes d'Angers (ordovicien); dans le pays on les appelle vulgairement *argelâtre*. Ils se présentent tantôt sous forme de lames plus ou moins épaisses employées dans les constructions (ardoisières près Sainte-James), tantôt sous forme de roche tendre, brune, micacée, lardée de mâcles d'Andalousite (Grogny, le Bignon, la Touche, etc.) Les schistes de l'étang du Mortier, de Saint-Evroult, de Bérus sont la continuation de cette bande. (Cfr D. P. Œhlert et A. Bigot, *Note sur le massif silurien d'Hesloup*. B. S. G. Fr., 3e série, T. XXVI, p. 82).

(2) C'est le grès armoricain ou grès à bilobites exploité aux Aunais pour l'empierrement des routes, et qui forme ensuite quelques groupes de rochers dans les bois de la Noë-de-Gesnes, affleure à la Carlière, près de la Chapelle et prend une extension considérable sur Hesloup, Gesnes et Bérus. (Notes de M. Letacq).

(3) Cette grande route du Mans à Alençon, la route nationale actuelle, avait été commencée en 1779, en même temps que la construction du Pont-

Il serait donc nécessaire de faire casser sur-le-champ toutes les grosses pierres qui nuisent le plus au passage. Sans cette précaution, il serait impossible de fréquenter cette route pendant l'hiver.

Cette deuxième partie de la commune est divisée en terres labourables, prés, pâtures et bois taillis. Des fossés et hayes vives, sur lesquelles il se trouve des chênes et quelques autres arbres forestiers, closent la plupart des pièces de terre qui, à l'exception des prés et de quelques pâtures, sont plantées en pommiers et poiriers produisant des fruits propres à faire du cidre.

On compte 81 arpens 1/2 de bois taillis divisés en plusieurs pièces, et trois petits bouquets de futaye qui ensemble composent à peine un demi arpent (1).

Neuf de cette ville. On employa « de la pierre calcaire, c'est-à-dire de mauvaises pierres pour l'entretien de cette route ». Les habitants d'Arçonnay se plaignaient avec raison de cet abus, et le 21 mars 1791, dans une réunion municipale, « le sieur Coulibœuf, curé de la paroisse, et le sieur Jean Hautant, officier municipal, sont choisis pour aller faire des représentations à ce sujet aux administrateurs du département qui se trouvaient alors à Saint-Paterne. On fit droit à leurs justes réclamations, puisqu'en « 1801, on n'employait plus de pierres calcaires, mais bien du grès qui, n'étant pas toutefois suffisamment cassé, laissait encore à désirer ». *Registre des délibérations municipales d'Arçonnay*, séance du 21 mars 1791.

(1) Ces trois petits bouquets de futaye étaient le fait de l'auteur de cette statistique qui, en 1800, faisait des plantations de bois, dessinait un parc avec son labyrinthe et restaurait sa maison de la Chevalerie, qu'un de ses ancêtres, Mathurin Hébert, bourgeoys d'Alençon, et Jeanne Le Cherbonnier sa femme, avaient acquis en 1610, au prix de 3.900 livres tournois, de noble homme Jean Cannet, sieur de la Saussaye et de damoiselle Françoise du Fayel, sa femme, demeurant à Bayeux, vicomté de Saint-Silvin. Ces derniers tenaient ladite propriété de Robert Le Bachelier, escuier, sieur de Faon qui l'avait achetée de Françoise de Lestore, veufve de Messire Jacques Vasse. Selon l'aveu que celle-ci en rendait en 1594, à la seigneurie de Maleffre, cette propriété était, à l'exception de la Noë de Jaigne, sensiblement la même qu'aujourd'hui.

Quant aux 81 arpens 1/2 de bois taillis, il s'agit ici évidemment de la Noë de Jaigne et des bois de Maleffre.

Déjà, en effet, en 1504, on voit Hardouin du Bouchet, seigneur de Maleffre, faisant aveu à Ch. Guillart, seigneur du Mortier, en la Bazoge, déclarer entr'autres choses les *taillis nommés la Noë de Jaigne* (*Chartrier de Maleffre*).

Dès en 1136, le comte d'Anjou, Geoffroy, époux de Mathilde, étant venu au secours de Guillaume, seigneur d'Alençon, sortant de cette ville pour

Le taillis se coupe à 9 et 10 ans.

On ne connaît en gibier que le lièvre, le lapin et la perdrix grise, le tout en très petite quantité.

Il n'y a ni marais ni étangs (1).

Le ruisseau de Gesnes, d'une toise de largeur, et qui coule du Midi au Nord, la partage en deux parties à peu près égales. Ce ruisseau sort de l'étang des Rabelais (2), situé aux confins

s'en retourner, fut attaqué dans les *bois de Maleffre* par une troupe de voleurs qui le pillèrent et volèrent son argenterie et jusqu'à sa garde-robe.

C'est Orderic Vital qui nous raconte ainsi ce fait : « Le comte qui, menaçant et porté sur un cheval écumant d'orgueil, était entré en Normandie, la parcourut maintenant, pâle, gémissant sur une litière, (il avait été blessé grièvement au pied droit devant la forteresse du Sap), et dans sa retraite il éprouva encore plus d'accidents graves de la part des siens que de la part de l'ennemi. En effet, dans le bois que l'on appelle *Maleffre*, *Malafia*, en *Arçonnay*, le chambellan de Geoffroy fut assassiné, et ses malles furent enlevées avec ses habits de comte, et des vases précieux. »

« En 1661, la seigneurie de Maleffre se composait d'un grand corps de logis aux deux bouts duquel il y a deux gros pavillons avec deux escaliers dans lesdits pavillons .. cour, fuie à pigeons, au bout, cour close de murailles et douves... quatre pavillons aux quatre coins de ladite cour, pont-levis et planchette avec autre pavillon... *bois de haute futaie*... (Chartrier de Maleffre).

(1) Autrefois, il y avait les étangs de la Giroudière, de la Saulnerie et de Maleffre. « En 1516, Guillaume de Saint-Remy, seigneur de la Virelière fait aveu à Messire Hardouin du Bouchet, seigneur de Maleffre, pour la métairie de la Giroudière avec ses bâtimens, terres, prés, étangs, « et pour faire bornes et devises desdits héritages ainsi que le douet de la pêcherie de *l'étang de la Giroudière* l'emporte jusqu'à *l'étang du lieu de Maleffre* qui l'emporte jusqu'au gué de Lescot ». « En 1612, honnête homme Julien Bouleau, sieur de Surmont, marchand bourgeoys à Alençon, vend à Messire, Jacques du Bouchet, trois journaux de pâture et taillis, sur le côté de *l'étang de la Giroudière*, et trois jours plus tard, Cathurin Presteseille, *notaire à Arçonnay* (il demeurait à la Thibandière, et son fils épousera plus tard une sœur des du Bouchet) dresse un acte de prise de possession par J. du Bouchet dudit champ où il est allé, *a arraché des pierres de dessus et de l'herbe*, disant qu'il prenait possession ».

Ces étangs existaient encore en 1788, car on voit à cette époque « Jacques Claude Le Paulmier de Bouillon, écuyer, seigneur de Maleffre, S. Gilles de la Plaine, Bethon, Cherizay, faire aveu au regard du Mortier pour *l'étang de la Giroudière*, *l'étang de la Sautnerie*, *et le moulin et étang de Maleffre*. Aujourd'hui, *l'étang de Maleffre* seul existe encore, mais le *moulin* ne fonctionne plus.

(2) Il sort d'abord de l'étang du Mortier et traverse ensuite celui des Rablais. (Voir *Notice sur la Constitution géologique et la flore des étangs du Mortier et des Rablais*, par M. l'abbé Letacq, dans le *Bulletin de la Société d'Agriculture, Sciences et Arts de la Sarthe*, t. XXXV, 1896, p. 277.)

L'étang des Rablais, ou l'Erablais, ou encore L'air ablais, dont l'étymologie, au dire de M. Léopold Delisle, vient du mot *érable*, appartenait, en des communes de Gesnes et de Bérus. Alimenté dans son cours par les eaux de quelques fontaines (1), il se décharge dans la Sarthe, au-dessous de la ville d'Alençon.

1644, à haulte et puissante dame Françoise Daubeville, dame de Cantelou, Vaux, La Fellière et Lairablais, veuve de deffunct messire Louis d'Angennes, et, en 1654, à très haulte et très puissante dame Catherine Pangennes, femme séparée, quant aux biens, de très puissant seigneur messire de la Trémouille, seigneur et comte des Ollonnes, de Vaux, de la Fellière et de Lair Ablais. (Arch. de la fabrique de Bérus.)

Avant la Révolution, cet étang était devenu la propriété de Mme d'Argouges. Vers 1797, il fut vendu comme bien national à M. Ambroise-Barnabé Berger, aubergiste à Fresnay-sur-Sarthe, qui mourut en 1827. Le 7 mars 1828, M. Charles-Désiré Petithomme, d'Alençon, l'acheta des héritiers Berger et entreprit de le dessécher et de le mettre en culture. Le 9 juillet 1842, il fut vendu par les héritiers Petithomme à M. Richer, oncle de M. Richer-Lévêque, qui le possédait encore en 1901 (Cfr. abbé Letacq, *supra cit.*, p. 279.) A cette époque, il fut acheté par M. Edouard Kerchner, avocat à la Cour d'appel de Paris, propriétaire du Logis de Beauvais, en Hesloup, qui le possède encore.

Bien que d'après un plan du domaine de l'Erablais, de la seigneurie de Vaux, fait en 1785, qui se trouve aux *Archives de la Sarthe*, E, 318, cet étang eût alors 90 journaux de superficie (aujourd'hui, il n'en a plus que la moitié), nous ne croyons pas qu'il ait cependant jamais mérité la et pompeuse description qu'en donne, dans son *Histoire d'Alençon*, p. 159, l'abbé Jean-Jacques Gautier : « L'étang des Rablais, à la distance d'Alençon d'environ 7 kilomètres (3.592 toises), est la plus belle pièce d'eau de ce pays. Il est environné de bois dont toutes les eaux descendent dans son vaste bassin, qui a, de circonférence 3 kilomètres, 3 hectares, 60 mètres (1.724 toises). Le simple curieux vient y contempler une petite mer Méditerranée. Le rêveur mélancolique s'y arrête, et voit une image de la société dans le mouvement de ses flots toujours agités. Le botaniste vient cueillir sur ses bords des plantes aquatiques qu'il ne trouve point ailleurs, dont la multitude et la variété l'étonne; et le chasseur vient y poursuivre des troupes d'oiseaux de mer qui interrompent, par leurs cris, le silence de cette profonde solitude. »

(1) Le ruisseau de Gesnes ou des Rablais, qui a 9 kilom. 1/2 de cours, reçoit, sur sa gauche, le ruisseau des Ricourants qui prend sa source dans un bois de Hesloup, non loin du Logis de Beauvais, longe l'étang de la Saulnerie, aujourd'hui desséché, et après avoir traversé, sous un pont, la route de la Thibaudière à la Giroudière, à l'endroit nommé autrefois le gué de Lescot, va se jeter dans l'étang de Maleffre où ils mêlent ensemble leurs eaux qui alimentaient autrefois un moulin aujourd'hui inutilisé.

Sur sa droite, le même ruisseau de Gesnes, tout près de la ferme de la Moinerie, à un endroit que les vieux actes dénomment pompeusement la Grande-Rivière (mesurant 2 toises dans sa plus grande largeur), reçoit le ruisseau de Froide-Fontaine et un petit ruisselet venant des hauteurs de la Feuillère. Ainsi grossi de ses affluents, il traverse la propriété du Petit-Maleffre, arrose le Parc-Poisson où il reçoit le ruisseau du Grand-Maleffre, qui, venant des douves du Logis de ce nom, traverse la grande route du Mans, forme l'abreuvoir appelé les Fonderies ou la Grenouillère et arrose le bourg.

Il passe alors sous le Pont Planchisseux, arrose les prés des Pendants,

Le brochet, la perche et très peu de carpes sont les seuls poissons qu'on y pêche en petite quantité (1).

La partie de la commune d'Arçonnay, à la droite du ruisseau de Gesnes (2) est en plaine.

Sévin, de Jaigne, Haut-Eclair, franchit le nouveau chemin de Haut-Eclair à Grogny, longe la propriété de La Chevalerie, où il contribue à alimenter une ravissante pièce d'eau, entre dans l'Orne où, après avoir arrosé plusieurs propriétés, entre autres celle de l'ancienne abbaye des Bénédictines de Montsort, devenue aujourd'hui en partie l'Ecole supérieure de Filles, passe le Gué-de-Gesnes, va se jeter dans la Sarthe, auprès des jardins de l'Hospice, en face de l'endroit où cette rivière reçoit la Brillante.

(1) Actuellement, la partie tout au moins de notre ruisseau qui traverse la propriété de la Chevalerie, avec des poissons ordinaires tels que goujons, gardons, contient, grâce aux soins de feu M. le baron Amaury de Nanteuil, des poissons assez rares, comme le poisson-chat et la perche-soleil qui nous viennent d'Amérique.

(2) Il conviendrait peut-être de mentionner ici un autre ruisseau, modeste au point de garder l'anonyme qui, formé des eaux torrentielles descendant des hauteurs de Maleffre, la Garenne, le bois de Barée, traverse au Vieux-Bourg la route de Champfleur, envahit l'ancienne rue Roglin, passe au pied de la chappelle Saint Gilles, arrose le Bois-Margot et va se jeter dans la Sarthe, au-dessus d'Alençon, au gué de Sorre.

Notre minuscule ruisseau d'occasion, très capricieux subit, périodiquement des dessèchements très prolongés.

Toutefois, il n'est pas rare qu'à la suite de violents orages, se gonflant démesurément, sortant des limites de son lit trop étroit, il ne déverse inopinément, sur la route de Champfleur et jusque dans les habitations du Vieux-Bourg, ses flots trop pressés qu'il va, semblable à un Gave impétueux, rouler dans les eaux de la Sarthe. Malheur alors à l'imprudent qui se serait aventuré dans la rue Roglin.

Nos chroniques paroissiales nous fournissent des exemples de ces débordements.

C'est ainsi qu'un an avant sa mort et son inhumation dans le cimetière proche la sacristie et le chœur, par M. Riquier, curé et doyen de Montsort, Nicolas Duval, curé d'Arçonnay, signalait le fait suivant dans les registres paroissiaux :

« Cette présente année, 1711, il tomba une si grande quantité de neiges sur la terre qui était gelée que, venant à fondre dans un jour et demi, elles causèrent des débordements si furieux que, de vie d'homme, les eaux n'avaient été si grandes. Elles remplirent les maisons de ce bourg, et elles vinrent jusqu'au portail de ce presbytère, et passèrent par-dessus le pont du Petit Moulin d'Alençon et causèrent partout des pertes considérables. »

Sans être aussi furieux qu'au XVIIIe siècle, les débordements périodiques de ce ruisseau changé en torrent « en un quart de temps », ne laissent pas que d'être fort désagréables pour les riverains, et il n'est pas d'année que l'impétuosité de ses eaux, soudainement grossies, ne donnent lieu à d'émouvants sauvetages, en voiture, de femmes et d'enfants à peine vêtus et surpris dans le sommeil.

II. — *Météorologie* (1).

Un froid plus ou moins vif se fait sentir pendant 4 ou 5 mois La plus grande condensation est ordinairement en Nivôse (Décembre). Il est rare que le thermomètre de Réaumur descende à 15 degrés au-dessous du terme de la glace (2).

La durée des grandes chaleurs est au plus de six semaines. Dans cet intervalle, la dilatation de l'air varie entre 20 et 28 degrés du même thermomètre (3).

(1) Au sujet des observations météorologiques, dont il s'était occupé, M. d'Hauteclair écrivait au secrétaire de la Société des Arts du Mans la lettre suivante :

« A La Chevalerie par Alençon, le 4 Ventôse an X (23 janvier 1802).

« Citoyen, je m'empresse de répondre à la lettre que vous m'avez fait l'honneur de m'écrire, au nom de la Société libre des Arts séante au Mans, pour vous témoigner le regret que j'ai de me trouver hors d'état de remplir ses vues.

Il est vrai que depuis quelques années je me suis occupé de la Météorologie. Vivant à la campagne, et m'intéressant à tous ses travaux, j'ai senti combien il seroit utile à l'agriculture de trouver un moyen de prévoir, autant que possible, les variations de l'atmosphère. Je pensai qu'on pourrait approcher de ce but si on parvenait à réunir une suite d'observations faites avec soin.

Le loisir dont je jouissais et la vie très sédentaire que j'ai menée ici pendant la vie orageuse de la révolution, me permirent de me livrer à ce genre d'occupation, dont j'ai soumis les résultats au Licée d'Alençon pour quelques années antérieures à l'an IX.

Prévoyant alors que des absences nécessitées par des affaires particulières interromperoient des observations qui demandent de la suite, j'engageai le professeur de phisique de l'école centrale d'Alençon à les continuer; mais comme il n'a pu s'y livrer avec quelqu'exactitude que depuis le mois de Brumaire dernier, nous avons une lacune impossible à bien remplir puisque moi-même, entr'autres absences, j'en ai fait une de près de deux mois, que j'ai passé à Paris, à la fin de l'an IX et dans le commencement de l'an X.

J'ai cru devoir entrer dans ces détails pour vous prouver que le défaut de moyens seul peut m'empêcher de satisfaire dans cette occasion à la demande d'une société savante avec laquelle je me trouverai toujours honoré d'être à portée de correspondre. Je vous salue avec une parfaite considération. Hébert d'Hauteclair (Archives de la Société des Arts du Mans, dossier d'Hauteclair, XVI, D, 1).

(2) Cette basse température est en effet si rare que, depuis que les observations météorologiques sont faites à Alençon d'une façon régulière, c'est-à-dire depuis 40 ans, le minimum de 15° R (18° 75 C) n'a été dépassé qu'une seule fois; en décembre 1879 le thermomètre est descendu à 22°. La moyenne hibernale est à Alençon de 3°3.

(3) Observations très exactes : à Alençon les maxima de l'été varient d'ordinaire entre ces deux chiffres (20° à 28° R ou 25° à 35° C). En 1911, qui a été une année exceptionnellement chaude, le thermomètre n'a pas dépassé 36° C. (Notes de M. Letacq.)

Thermidor (Juillet) est le mois le plus chaud de l'année.

Les vents éprouvent beaucoup de variations. Ceux du Sud et de l'Ouest, tournant aussi vers le Nord, sont les plus fréquents. Un vent alisé du Nord-ouest, qu'on appelle *vintaine* (1) dans ce canton, règne tous les ans dans le mois de floréal (avril). Il fait souvent bien du tort aux arbres fruitiers qui sont en fleurs dans cette saison (2).

On ne connaît point de maladies habituelles dans la commune ni pour les hommes ni pour les bestiaux.

Ce canton est peu sujet aux épidémies. La grêle et les autres fléaux qui dévastent souvent les campagnes ne sont point périodiques, mais il se passe peu d'années que quelques communes du canton n'en éprouvent plus ou moins les funestes effets.

CHAPITRE II.

Population.

1er Tableau.

Division de la population par espèces d'individus.

	En 1789	En l'an IX ou 1801
Individus de tout âge et de tout sexe, non compris les militaires en activité	406	426
Nombre des militaires sous les armes présumés vivants.	»	1
Total.	406	427

(1) On l'appelle ici assez irrévérencieusement la *vintaine des bonnes femmes*.

(2) Les vents dominants dans nos régions sont ceux du Sud, du Sud-Ouest, de l'Ouest et du Nord-ouest; en 1910 ils ont régné à Alençon 221 jours. — Les dix derniers jours d'avril et les dix premiers jours de mai, appelés *vinglaines*, sont souvent marqués par une température froide, du vent et des giboulées ou pluies mêlées de grêle, qui nuisent à la floraison et à la fécondation des pommiers et des poiriers. (Notes de M. Letacq.)

2e Tableau.

Comparaison des naissances, des morts et des mariages pendant 1789 avec ceux de l'an IX (1801).

		1789	An IX
Naissances	Mâles	5	3
	Femelles	1	4
Morts	Mâles	4	3
	Femelles	5	4
Mariages		3	1

Observations. — On ne connaît maintenant, dans cette commune, qu'un seul enfant naturel mâle âgé de 5 ans, que sa mère Anne Lacroix élève, quoiqu'elle soit dans un état bien près de l'indigence. Elle a reçu d'abort quelques secours du gouvernement en sa qualité de fille-mère ; elle en aurait encore besoin ; mais le moyen le plus sûr de la soulager serait de recevoir cet enfant, qui paraît d'une assez bonne constitution, au nombre de ceux que le gouvernement fait élever comme enfans de la patrie. Cette malheureuse mère a bien expié la faute qu elle a commise, et sa conduite présente, à l'abri de tous reproches, mérite des égards. Il y a eu, dans la commune, d'autres enfans naturels que les mariages subséquens de leurs mères ont depuis rendus légitimes.

La bonne morale avait beaucoup perdu dans le cours de la Révolution. Un assez grand nombre d'habitans, imbus des faux principes qu'on répandait alors, ont de la peine à les abandonner. De toutes les communes du canton, Arçonnay est une de celles où il est le plus besoin de rétablir une saine morale civile et religieuse.

Beaucoup de citoyens qui se sont maintenus dans la bonne voye, désirent cet heureux changement et ils l'attendent du nouvel ordre de choses qui va s'établir.

Nombre des individus mâles		215	231
— — femelles (1)		191	196
Hommes mariés		78	84
Femmes mariées		78	84
Célibataires au dessous de 30 ans	hommes	106	122
	femmes	86	101
Célibataires au dessus de 30 ans	hommes	27	21
	femmes	31	15
Enfants au-dessous de 5 ans		30	36
Désignation des âges ; de 5 à 10 ans		53	58
— 10 à 15 ans		38	30
— 15 à 20 ans		39	45
— 20 à 30 ans		66	71
— 30 à 40 ans		61	56
— 40 à 50 ans		46	52
— 50 à 60 ans		38	39
— 60 à 70 ans		26	28
— 70 à 80 ans		9	11
— 80 à 90 ans		»	»
— 90 à 100 ans		»	1

Observations. — Le résultat de ce tableau annonce que la population est augmentée de 20 individus de 1789 à l'an IX, malgré la perte qu'elle a faite de 18 militaires morts dans cet intervalle, au service de la Patrie, ou dont on n'a point eu de nouvelles (2).

La plus grande partie des habitans est occupée des travaux de l'agriculture ; le reste fabrique la toile ou s'employe à des ouvrages mécaniques, tels que la charpente et le charonage. Les soins du ménage, la filature du chanvre et quelques travaux

(1) Nous avons conservé les termes mêmes de l'original. On se servait alors couramment de ces expressions qui nous choquent actuellement.

(2) Au moment du partage des biens communaux, en juillet 1794, il est question de *sept* citoyens qui sont sur les frontières au service de la Patrie. Le 11 novembre 94 et le 14 janvier 95, la municipalité distribue des sécours à *huit* familles indigentes dont les enfans (ce ne sont pas les sept ci-dessus désignés) sont à la deffence de la patrie (*Registre des Délibérations municipales d'Arçonnay*, juillet et novembre 1791).

champêtres dans les tems de semences et de récoltes font l'occupation des femmes.

A l'âge de 10 à 12 ans, les enfans mâles commencent à être utiles à leurs parents, soit pour la garde des bestiaux et la conduite de petits troupeaux de moutons, soit pour les premières opérations du métier de tisserand qu'ils apprennent ensuite.

De 16 à 20 ans, les garçons se livrent au travail d'une manière indépendante, ou bien ils continuent à aider leurs parens cultivateurs ou autres.

L'espoir de se soustraire aux réquisitions a fait accélérer les mariages de plusieurs individus pendant la Révolution. Ils n'ont lieu ordinairement que de 25 à 30 ans pour les garçons, et de 20 à 25 ans pour les filles.

La nourriture est la même depuis comme avant la Révolution. Un pain très bis composé de moitié ou du tiers de bled ou de seigle et le reste d'orge, une soupe au beurre ou au laitage avec les légumes de la saison, du fromage, quelques œufs, et pour boisson du cidre brassé dans deux tiers ou trois quarts d'eau font la nourriture ordinaire des cultivateurs. Les plus à leur aise y joignent le cochon salé, quelques volailles et peu de viande de boucherie.

Nous avons fait connaître à quel âge les enfans commencent à être utiles, celui auquel les jeunes gens peuvent s'employer aux travaux ordinaires de la culture.

Au-delà de 60 ans, les forces de l'homme s'affaiblissent, alors il n'est plus capable que d'un faible travail. Il faut néanmoins en excepter quelques individus en petit nombre, d'une constitution plus vigoureuse que les autres.

A l'inconvénient de voir leur église, dont le presbytère a été vendu (1), dépourvue de tout ce qui est nécessaire à l'exercice

(1) C'est le dimanche 22 messidor an IV (10 juillet 1796) que le presbytère fut vendu pour 4.052 francs au citoyen Jean Lelièvre. Depuis longtemps

du culte (1) se joint celui de sa position fort incommode, puisqu'elle se trouve placée à l'extrémité orientale de la commune, dans un lieu d'un abord difficile, et dont la majeure partie des habitans se trouve éloignée de 4 à 5 kilomètres (2).

désaffecté, cet ancien presbytère a été revendu en 1906, pour 1.000 fr. par un M. Provost, descendant de Jean Lelièvre à M. Constant Marchand, qui a bien voulu nous communiquer le premier acte de vente de l'époque de la Révolution, que nous avons transcrit et dont l'original doit se trouver aux Archives Départementales. Plusieurs des anciens du pays nous ont affirmé, mais jusqu'ici aucun document n'est venu le confirmer, qu'à la même époque, M. Louis Mariette, sacristain, aurait acheté l'église pour un prix dérisoire, et l'aurait revendue pour le même prix, au rétablissement du culte. Un de ses descendants, M. Mariette, aujourd'hui demeurant à Alençon après avoir été longtemps fermier au Grand Maleffre, nous a plusieurs fois rapporté ce fait. C'est ce même Louis Mariette qui, par attachement sans doute à son église dont il était depuis longtemps sacristain, avait accepté, pour 25 livres par an, le 13 juillet 1794, d'être « le concierge » de ladite église, alors dénommée le Temple de la Raison (*Dél. mun. d'Arçonnay*).

(1) A trois époques différentes, tous les objets du culte, en effet, avaient été envoyés au District de Fresnay :

30 nov. 93. Une cloche avec l'argenterie qui se composait de : un soleil, un ciboire grand et petit, trois vases à huille, un encensoir et une navette.

21 mars 94. —	6 aubes tant vieilles que neuves à 18 # chaque .	108 #
	3 surplis ou *rochers*, à 8 #	24
	— — pour enfant à 4 #	12
	14 *amis* à 15 sols	10,10
	11 nappes grandes et petites à 3 #	33
	17 *corporeaux* à 20 sols.	17
	53 parafernaux lavabos à 5 sols.	35,15
	plusieurs vieux morceaux de linge.	10,15
	Ensemble, 251 livres.	251.

Plus les objets suivants en cuivre :

6 grands chandeliers et 2 petits; 3 croix; un crucifix; une lampe; un encensoir; un bénitier; un morceau de manche de croix.

25 août 94. Un *dez* composé de 4 morceaux; 12 chasubles de différentes couleurs; 16 étoles; 12 manipules; 7 bourses; 11 couvertures de calice; 2 devants d'autel; 2 *naples* d'autel; un drap mortuaire; une *naple* de lutrin et la corde de la cloche descendue.

On s'était prêté de fort mauvaise grâce à l'envoi de tous ces objets, d'autant que la veille de la dernière expédition « du restant des dépouilles de leur église », le District avait taxé la population à fournir deux « cochons » pour l'armée, et le jour même à 21 quintaux de foin, autant de paille et d'avoine à rendre de suite aux magasins du Mans.

(2) Nous n'avons pu découvrir le motif qui fit bâtir cette église si loin de son centre de population, et à 2 kil. seulement de Champfleur et à un kil. de la chapelle de Saint-Gilles, à moins que primitivement elle n'eût été construite et desservie par les moines du prieuré de Saint-Gilles. Au commencement du XVIe siècle, un seigneur de Maleffre, Jacques du Bouchet, faisait construire une chapelle de secours, au hameau de Saint-Blaise-le-Viel, sur l'emplacement de l'église actuelle. Cette chapelle, avec son cimetière qui l'entourait, existait encore au commencement du XVIIIe siècle.

D'ailleurs, cette église est trop petite maintenant pour les contenir tous, sa population ayant augmenté de plus de cent individus depuis un demi siècle. Le voisinage de deux fort hameaux, l'un de Saint-Pater (1), et l'autre de Bérus (2) contribuait encore à augmenter la presse avant la suppression du culte.

Il serait bien à souhaiter que ladite église fut rebâtie au milieu du hameau de Saint-Blaise, situé au centre de la commune et le plus populeux. Une place publique assez vaste avec des abords commodes faciliterait l'exécution de ce projet. On trouverait dans ce hameau à loger commodément le curé ou desservant, et il serait placé de manière à pouvoir réunir sans peine, dans toutes les saisons, les enfans de la commune qui ont le plus grand besoin d'être instruits.

L'église, dans cette situation, permettrait au besoin la réunion des communes d'Arçonnay et de Bérus (3) qui, ensemble, ne contiennent guère au-delà de 800 individus; un fort hameau et plusieurs fermes de Bérus se trouveraient plus près de la nouvelle église que de celle de leur commune qu'on a bâtie à son extrémité occidentale.

Que le gouvernement se détermine ou non à réunir ces deux communes, il n'en serait pas moins utile de rebâtir l'église d'Arçonnay dans le lieu qu'on vient d'indiquer. Cette translation ne paraîtrait pas devoir occasionner une dépense considérable. Quelques secours de la part du gouvernement, joints à ce que produirait la démolition de l'église actuelle, contribueraient à bien avancer un ouvrage aussi nécessaire (4). Une grande partie

(1) Saint-Gilles.

(2) La Feuillère.

(3) Cette réunion des communes d'Arçonnay et de Bérus, proposée plus tard, n'eût pas lieu, grâce aux réclamations des habitants de Bérus, réclamations curieusement formulées, qu'on pourra lire à *l'Appendice*, n° 1.

(4) Tout en approuvant grandement le transfert de l'église du Vieux Bourg à l'endroit où elle se trouve aujourd'hui, nous eussions vivement souhaité qu'on n'eût pas démoli cette vieille église qui remontait peut être au XIe ou XIIe siècle, à en juger du moins par les quelques pans de murs qui ont survécu à sa destruction, et qui accusent cette époque avec leur *opus spicatum* ou pierres en forme de fougères ou arêtes de poisson.

des transports pourrait même se faire par plusieurs des notables intéressés à cette translation (1).

Nombre de feux et de maisons.

	En 1789	En l'an IX
Nombre de feux existans dans la commune . . .	87	90
Maisons habitées par des cultivateurs	22	23
Maisons habitées par des propriétaires, tisserands, journaliers et autres.	65	67
Maisons de pur agrément. (Néant.)	»	»

Il y a cinq hameaux ou villages (2) dans cette commune. Le premier, qu'on appelle le *Bourg d'Arçonnay*, où se trouve l'église, contient 11 feux. Il y en a 22 dans le *hameau de Saint-Blaîse*, 9 dans celui de *la Thibaudière*, 4 dans celui de *la Brûlette* et 6 dans le cinquième, nommé *la Chapelle*. Le sur-

(1) Ces vœux sont devenus une réalité. Cette ancienne église, vendue comme bien national au moment de la Révolution, rendue au culte en 1803, a été démolie en 1848, et avec ses débris, on a construit l'église actuelle, sur le Pâtis de Saint-Blaise. Le chœur et la nef ainsi que la flèche furent construits au moyen de souscriptions ; chacun y contribua soit en nature, charrois, travaux, etc., soit en argent. La chapelle Sud ou de Sainte-Anne fut construite aux frais de la famille de Cerisay. La famille Hommey fit construire la chapelle Nord ou de la Sainte-Vierge. Mais il convient surtout de signaler ici M. l'abbé Drouin, alors curé de cette paroisse, qui fut l'instigateur et le principal agent de cette œuvre.

Quant au presbytère, aliéné et vendu en 1796 comme bien national, il est resté demeure particulière, comme nous l'avons vu plus haut. Pour le remplacer, la commune en fit construire un autre, au commencement du XIXe siècle, qui servit de logement aux curés de la paroisse jusqu'en 1860, époque à laquelle elle le vendit pour acheter, au prix de 11.000 francs, le presbytère actuel, que M. Alphonse Hommey, banquier à Alençon et propriétaire du Grand-Maleffre, venait de faire construire dans un de ses champs, nommé la Vigne. Depuis lors, ce presbytère a servi de logement aux curés de la paroisse gratuitement jusqu'en 1905, où en vertu d'une loi, dite de séparation, cette maison est louée au curé pour 100 francs.

(2) C'est par oubli que M. d'Hauteclair ne signale pas ici le hameau des *Grandes* et *Basses-Haies*, existant déjà en 1417, puisqu'à cette époque nous voyons un compagnon d'Ambroise de Loré, *des Fontaines*, surprendre au village des *Haies*, sur la paroisse d'Arçonnay, un parti de 6.000 à 7.000 Anglais qui, sous les ordres d'Edmond, comte de la Marche, se rendaient en Normandie chargés des dépouilles du pays, dont il tua 209 à 300 hommes et fit un grand nombre de prisonniers.

plus des habitations est parsemé dans la campagne, surtout dans la partie de la commune située à gauche du ruisseau de Gesnes (1).

3e Tableau.

Division de la population par classes d'individus.

Nota. — Au moyen du partage d'un terrain communal d'environ 50 arpens, fait en 1794, entre tous les domiciliés ayant atteint l'âge de 2 ans, 300 personnes environ sont propriétaires d'à peu près un sixième d'arpent de terre labourable de médiocre qualité. Néanmoins, comme cette propriété est de très peu de valeur, on n'a compris, au nombre des propriétaires, que ceux dont les biens-fonds excédent cette portion de terrain communal (2).

— Même réflexion pour le village des *Coudrais*. — Sans avoir recours, pour prouver l'existence de ce hameau, à la citation de Dom Piolin qui, dans son *Histoire de l'Eglise du Mans*, t. VI, p. 245, dit que pendant les troubles de la Fronde, qui s'étaient fait sentir jusqu'au Mans, « François de Rochefort, marquis de la Boullaye, était au Coudray, paroisse d'Arçonnay (lisez : **Ardenay**), avec 700 ou 800 cavaliers » le *Chartrier de Maleffre* nous fait voir, de 1594 à 1645, Jérémie Quillet, sieur de Groigné, Isaïe Duval, sieur du Couldray, André et Ollivier Quillet, sieurs du Coudray et de la Brière, Catherine Farcy, veuve dudit André, Marie Bouvet, veuve dudit Ollivier, Françoys Desmons, maréchal de logis de la maison de Condé, Françoys de la Bonneville, sergent roial au pais et comté du Maine, Jean Cadiou, prestre vicaire de Champfleur, Jean Bonvoust, sieur de Boisbullant, faire à la seigneurie de Maleffre des aveux pour des terres sises au hameau des Coudrais.

(1) On peut voir, dans l'*Almanach paroissial d'Arçonnay*, année 1910, pp. 17 à 29, une statistique générale de la paroisse en 1909.

(2) C'est, en effet, à cette époque qu'eut lieu le partage, entre 312 individus, des biens communaux situés à la Thibaudière, à la Chapelle et surtout au Vieux-Bourg, dont la superficie, d'après les plans du citoyen Launay-Ducreux, arpenteur à Alençon, était de 50 arpents.

Chaque habitant n'eut donc qu'un sixième d'arpent à peine, estimé à 3 livres, qu'il s'empressa d'ailleurs de revendre.

Aujourd'hui, ces biens qu'on appelle les *communes*, sises au Vieux-Bourg, n'appartiennent plus qu'à un seul propriétaire.

Cet acte fut donc une très mauvaise opération pour la commune et pour les gens peu fortunés. Autrefois, en effet, grâce à une faible rétribution que la commune encaissait, chacun pouvait mener paître ses bestiaux dans les communaux.

		En 1789	En l'an IX
Nombre des propriétaires de biens-fonds chefs de famille		27	38
Nombre de ceux vivant uniquement du produit de leurs biens-fonds. (Néant.)		»	»
Nombre de ceux soldés et employés par l'Etat		»	1
Nombre d'hommes de toute espèce vivant de leur travail soit mécanique, soit industriel		24	21
Nombre de ceux qui ajoutent un travail quelconque à leurs revenus et traitement		31	35
Manœuvres ou gens de peine travaillant à la journée	hommes	27	34
	femmes	28	30
Domestiques	hommes	29	40
	femmes	23	27
Mendians	hommes	1	4
	femmes	1	5

Observations. — On a fait connaître, en tête de ce tableau, les motifs qui ont empêché de placer au nombre des propriétaires tous ceux qui n'ont maintenant d'autre héritage en biens-fonds que la petite partie du terrain communal partagé en 1794. Cette classe de propriétaires, devenue très nombreuse par le partage dont il s'agit, est composée, pour la plupart, des enfants des cultivateurs journaliers et domestiques.

De tous les domiciliés qu'on a compris au nombre des propriétaires, il en est peu qui possèdent au delà de quelques arpens de terre qu'ils font valoir eux-mêmes; encore plusieurs d'entre eux les ont-ils achetés de la nation.

On voit, par ce qui précède, que le nombre des propriétaires a augmenté sans qu'il paraisse en avoir résulté une amélioration bien sensible pour l'agriculture, si l'on excepte les bêtes à laine qui sont un peu augmentées. Le reste des bestiaux est à peu près le même qu'avant la Révolution. Quant aux mœurs des habitans, nous n'avons rien à ajouter à ce que nous avons dit dans les observations précédentes.

4e Tableau.

	En 1789	En l'an IX
Nombre des hommes entrés dans la commune pour y travailler et en sortir.	25	22
Pour s'y établir	5	7
Sortis de la commune pour travailler et revenir.	18	24
Pour ne pas rentrer	4	5
Sachant lire et écrire sans y joindre d'autres connaissances	24	29
Dont les connaissances sont élevées au-delà des premiers élémens	3	4

5e Tableau.

Estimation des choses nécessaires à la vie.

		En 1789	En l'an IX
Dépense totale de tous les cultivateurs pour leur nourriture, leur entretien et celui de leur famille.		59.370 fr.	81.667 fr.
Prix au taux moyen des journées de travail. .		»	»
Journaliers sans nourriture à la campagne . .		1 fr.	1 fr.
Gages des domestiques.	Mâles. .	75 fr.	90 fr.
	Femelles	40 à 45 fr.	55 à 60 fr.

Observations. — La dépense pour la nourriture et l'entretien de chaque individu varie en raison de son aisance. Elle est, en général, très économique, et l'on peut en juger par le détail que nous avons donné à la suite du premier tableau de la population, des différentes espèces d'aliments dont l'usage est général. Le pain est l'objet de la plus grande dépense pour la classe manouvrière, attendu que les grains se soutiennent depuis longtemps à un haut prix. Quant à l'habillement, il est presque pour tous, hommes et femmes, d'étoffes assez grossières que l'on fabrique dans le pays, tels que droguets, moltons, siamoises rayées, serges sur fil, grosse toiles de chanvre, etc. Les sabots ou de forts souliers ferrés, des bas de laine et des guêtres de toile sont la chaussure ordinaire. D'après des calculs approximatifs, autant qu'il a été possible de les faire, on a estimé cette dépense totale des habitans d'Arçonnay aux sommes portées dans le tableau ci-dessus pour l'année 1789 et pour l'an IX. On s'est même tenu plutôt au-dessous qu'au dessus de la dépense réelle.

CHAPITRE III

I. — *Agriculture.*

Premier Tableau.

Division agricole du territoire.

		En 1789	En l'an IX
Nombre de charrues traînées par des chevaux.		3	4
Nombre de charrues traînées par des bœufs. .		13	14
	Total.	16	18
Nombre des arpens, mesure de France, cultivés par des chevaux ou des bœufs.		694	697
Cultivés à bras.	clos à chanvre	12	12
	jardins.	11	11
Total cultivé annuellement en grains, légumes et chanvre		717	720
Annuellement en jachère	par des chevaux ou des bœufs	208	211
	à bras. (Néant.)	»	»
	Prés fauchables.	140	140
	Pâtures ou herbages.	150	150
	Artificielles.	12	9
	Total.	302	299
En communaux. (Néant.).		»	»
—	de haute futaye	1/2	1/2
—	de taillis	81 1/2	81 1/2
Total en haute futaye et taillis.		82	82

En bled, froment	206	191
En seigle	25	40
En orge	158	158
En avoine	74	74
En sarrasin	6	6
En pois, vesces et autres verdages faits sur les jachères	20	30
En jardins de pur agrément	2	2
En routes et chemins	30	30
En bâtimens et cours	17 1/2	18 1/2
En eaux courantes	2	2
Chênes, ormes, fresnes et peupliers de tout âge, épars dans les hayes ou formant avenue, environ	»	»
Pommiers et poiriers plantés dans les champs, environ	2.000	1.800

Observations. — Le tableau précédent indique avec exactitude la division agricole du territoire de la commune d'Arçonnay.

Nous avons fait connaître, en commençant cette statistique, la qualité des différents sols; elle est généralement médiocre et même mauvaise en beaucoup d'endroits.

Les plantes qui composent les prairies naturelles sont les différentes espèces de graminées entre lesquelles dominent le chiendent, l'avoine sauvage, la scabieuse, la jacée noire dite hannon. le jonc, un petit roseau connu sous le nom de rouche, autres plantes aquatiques (1).

Dans les meilleures prairies, on y voit du petit treffle à fleurs jaunes et rouges, et de la pimprenelle. Mais deux plantes bulbeuses, qu'il serait bien à souhaiter qu'on put parvenir à détruire, font un tort considérable à ces prairies, qu'elles couvrent presque totalement en plusieurs endroits. Ces plantes sont le colchique ou faux saffran et le narcisse sauvage à fleurs jaunes, que, dans le pays, on appelle *porjon*. Elles sont multipliées à un

(1) On appelle *rouche* le *Carex glauca* L. et différentes espèces de ce genre.

point qu'il faudrait labourer ces prairies pour en extirper les oignons (1).

Le treffle est la plante la plus commune en prairies artificielles. On voit aussi quelques pièces de terre en sainfoin, mais très peu en luzerne.

Les légumes utilisés dans les jardins sont le chou, l'oignon, la carotte, le poireau, le salcifix, les pois, les fèves de marais, les haricots, la laitue et des fines herbes telles que le cerfeuil et le persil. L'artichaut, l'asperge et autres légumes délicats, qui exigent des soins, sont très peu cultivés.

Il en est de même des pommes de terre, dont la culture avait pris un peu de faveur pendant la Révolution. Elle aurait pu se propager et contribuer à la suppression des jachères si, semée en plein champ, ainsi que les navets, les cultivateurs avaient été sûrs de les récolter. Trompés dans les essais qu'ils ont faits, par les vols que la classe indigente du peuple se permet encore impunément, ils ont renoncé à cette culture en grand et se contentent de semer, sur une portion des terrains en jachères, des pois gris, de la vesce et quelques autres grains ronds dont ils coupent la majeure partie en vert pour nourrir leurs bestiaux.

Le vol de bois mort ou vif qu'on employe aux clôtures en empêche l'augmentation. Il en est de même des jeunes arbres fruitiers et autres qu'on plante dans la campagne. Ces déprédations, jointes à la vente d'une assez grande quantité d'arbres, faite par quelques propriétaires, en ont occasionné la diminution.

Tout le territoire est cultivé, mais le produit en est médiocre par la mauvaise qualité d'une partie des terres. Le défaut d'en-

(1) Le colchique (*Colchicum autumnale* L.) qui demande un sol calcaire humide, est surtout répandu dans les prés arrosés par le ruisseau de Gesnes, car ils reposent sur l'oolithe inférieure. — Le Narcisse (*Narcissus pseudo-narcissus* L.) abonde à l'ouest de la commune, dans les bois et les prairies, qui sont sur le schiste et le grès; le bois de la Noe-de-Gesne est connu à Alençon sous le nom vulgaire de *Porjenne* à cause de la quantité énorme de *Porjons* qui y croissent et que les enfants vont cueillir aux premiers jours du printemps. (Note de M. l'abbé Letacq.)

grais et les accidens occasionnés par une espèce de rouille qui s'attache à la paille du bled, dans le tems de la floraison ou peu après, empêche le grain de prendre de la nourriture. Cette rouille qui brûle la paille est occasionnée par un soleil vif après les petites pluyes qui tombent dans cette saison (1).

2e Tableau.

Produit annuel en nature et en argent des bestiaux et autres objets ci-après désignés.

Désignation des bestiaux et autres objets	Produit en nature		Produit en argent	
	1789	An IX	1789	An IX
Poulains.	8	7	400	380
Veaux.	60	55	720	660
Agneaux	75	80	220	260
Cochons de lait.	18	22	126	176
Volailles et œufs	400	350	400	450
Quintaux de laine dégraissée	5	6	650	900
Quintaux de beurre	39	41	1.755	2.050
Quintaux de fromages.	30	30	450	500
Quintaux de miel (2)	1/2	1	30	80
Quintaux de cire	1/2	1/6	16	42
Cochons engraissés	12	10	960	800
Bœufs destinés à l'engrais	10	8	1.500	1.200
Lait vendu à la ville			800	1.000
			8.027	8.498

(1) La Rouille du Blé est un Champignon qui, avant de se développer sur le Blé, doit germer sur la feuille de l'Epine-Vinette ; le fait est certain. On avait cru dès lors qu'il suffirait d'enlever un des hôtes pour supprimer la maladie ; aussi bon nombre d'arrêtés préfectoraux ont depuis longtemps prescrit l'arrachage de l'Epine-Vinette, plantée autrefois en haie à Arçonnay comme arbuste défensif. Mais il n'est pas inutile d'ajouter que les récents travaux du botaniste suédois Eriksson ont montré que la règle n'était pas absolue ; la Rouille peut se développer sur le Blé sans passer par l'Epine-Vinette. Cfr. G. Bonnier, *Le Monde vegétal*, Paris, Flammarion, 1907, in-8°, p. 138. (Note de M. Letacq.)

(2) M. d'Hauteclair pouvait parler de miel et de cire avec compétence. Il s'était occupé sérieusement d'apiculture et le 8 floréal an XIII, il adressait à la Société des Arts du Mans une Notice sur l'éducation des abeilles, préconisant l'usage d'une ruche nouvelle, inventée par un sieur Lombard, jardinier au Roule, près Paris, dont l'emploi lui avait donné satisfaction.

Observations. — On a compris dans ce tableau les produits des animaux nés, élevés, engraissés, vendus ou consommés dans la commune, sans oublier la cire et le miel, de même que le lait que la proximité de la ville d'Alençon permet de débiter avec quelque avantage.

3e Tableau.

Produit annuel en nature et en argent des grains, fourrages, bois et autres objets ci-après désignés.

Dénomination des grains, fourrages et autres objets	Nombre de quintaux 1789	An IX	Produit en argent 1789	An IX
En bled.	1.922	1.936	17.238	22.032
En seigle	166	266	1.247	2.394
En orge	1.580	1.580	11.060	14.200
En avoine	444	444	2.220	3.330
En chanvre.	20	20	1.000	1.200
Sarrasin.	37	45	222	360
Chenevis.	12	16	96	160
Pois, vesces et autres grains ronds	65	74	390	545
Prés fauchables.	3.200	2.950	6.400	5.162
Prairies artificielles . . .	164	120	246	180
Pâtures			3.000	3.000
Grosse paille.	3.445	3.350	4.158	4.187
Menue paille.	2.320	2.320	2.320	2.552
Paille des grains ronds. .	20	30	160	264
Légumes et fruits des jardins	800	800	2.400	2.400
Fruits à cidre.	2.475	1.232	4.940	3.696
Petits fagots dits bourées (milliers).	10.000	10.000	500	450
Fagots dits cotterets (milliers)	1.500	1.200	300	288
Fagots provenant des hayes et élagages (milliers). .	1.400	1.000	168	150
Total.			58.123	66.550

Observations. — De tous ces produits de l'agriculture, il en est plusieurs qui sont employés à la nourriture et à la litière des Bestiaux, tels que l'avoine, les foins, le pâturage des prairies naturelles et artificielles et les pailles de toutes espèces de grains. Ce serait un double employ que de regarder ces productions comme un bénéfice réel au profit de la commune, puisqu'on a compté en recettes le produit des bestiaux et des grains vendus ou consommés, et que dans les dits bestiaux nécessaires à la culture soit par leur travail soit par les engrais qu'ils fournissent, la recette qu'on vient de citer serait absolument nulle. Ce que la commune produit de fourrages ne suffit pas même pour les bestiaux, car on achète chaque année, l'une dans l'autre, au moins 200 quintaux de foin et 225 quintaux de paille, et souvent de l'avoine.

4e Tableau.

Dépenses de l'Agriculture.

Indications des différentes espèces de denrées et autres objets. Denrées employées en semences.	Nombre des quintaux		Produit en argent	
	1789	An IX	1789	An IX
Bled	440	405	4.620	4.860
Orge	292	278	2.190	2.363
Seigle	50	80	370	630
Avoine	110	75	550	487
Chenevis	14	14	105	126
Pois, vesces et autres grains ronds	50	45	300	315
Foins, pailles et herbes des pâtures consommés par les bestiaux.				
Foin des prairies naturelles	3.200	2.950	6.400	5.162
Foins des prairies artificielles	164	120	246	180

Pailles des différens grains	5.785	5.700	6.638	7.003
Herbages pâturés par les bestiaux			3.000	3.000
Foins achetés au dehors.	200	200	300	300
Pailles achetées au dehors.	225	225	269	269
Frais de culture et exploitation non compris les fourrages et fumiers			11.212	12.137
Entretien des bâtimens			3.100	3.400
Outils aratoires			4.000	5.000
			43.300	45.732

Observations. — Au total des frais de culture compris dans ce tableau, on a ajouté le prix des foins achetés au dehors et celui auquel on a estimé et porté en recettes dans le tableau précédent, tous les fourrages récoltés dans la commune ou mangés en vert ainsi que le prix de l'avoine consommée par les chevaux de labour. Cette compensation est nécessitée par les motifs que nous en avons donnés dans nos précédentes observations.

5e Tableau.

Bestiaux nécessaires à l'Agriculture.

Dénomination de ces bestiaux	Nombre de ces bestiaux 1789	An IX	Valeur en argent 1789	An IX
Chevaux.	48	50	4.500	4.700
Bœufs.	38	36	4.750	4.860
Vaches	80	78	4.000	4.680
Brebis et moutons . .	350	400	1.750	2.400

Observations. — On ne doit point mettre au rang des bénéfices annuels la valeur de ces bestiaux qui servent à l'agriculture et dont les produits ont été estimés et portés en recettes. Ce fonds de bestiaux est indispensable pour faire valoir les terres. Si l'on en vend une partie chaque année, on en achète un pareil nombre. Il s'établit donc à cet égard une assez juste compensation. Un motif aussi bien fondé a fait que nous n'avons compris aucun achat de bestiaux dans le tableau des dépenses de l'Agriculture.

II. — Industrie

Etat indicatif du nombre de personnes qui exercent différents genres d'industrie.

Un seul propriétaire cultivateur faisant en même temps le commerce de toiles et de vins : commerce qui a beaucoup diminué : 22 tisserands en 1789, réduits à 20 en l'an IX.

Nota. — Comme ces ouvriers quittent souvent la fabrication de la toile pour s'occuper des travaux champêtres, on juge, d'après les renseignemens que l'on a pris, que chaque tisserand, l'un dans l'autre, ne fabrique que dix pièces de toile par an de 60 aunes de longueur sur les largeurs de deux tiers et de trois quarts. La qualité de leurs toiles, toutes en chanvre, est assez bonne. Ces fabricans achètent le fil qu'ils emploient. Leur bénéfice, par cette raison, ne peut guère être estimé au-delà de dix francs par pièce de toile.

Il n'y a qu'une seule tuilerie (1) dans la commune où il se fait de 5 à 7 fournées par an, suivant que la saison est plus ou moins favorable et le débit assuré. Chaque fournée contient de 20 à 24 milliers de tuiles. Le millier ne se vendait que 18 francs

(1) La tuilerie dont il s'agit ici est probablement celle située aux Grandes Haies et qui appartenait alors au citoyen Louis Hautant, fils de Jean François Hautant et de Marie-Louise Moutet, comme le constate un acte de décès de ce dernier, le 25 brumaire an XII. Cette tuilerie n'existe plus actuellement, pas plus que celles qui se trouvaient autrefois à Jaigne, au Chêne, à la Tuilerie et ailleurs.

en 1789. Il valait en l'an IX de 22 à 24 francs, à cause de l'augmentation du prix du bois et de la main d'œuvre (1). En comptant six fournées par an, le total de la tuile fabriquée est d'environ 150 milliers lesquels, au prix moyen de 22 francs, donnent 3.300 francs. L'exploitation de cette usine employe quatre personnes une partie de l'année ; le reste du temps, elles s'occupent de la culture. On estime, tous frais prélevés, que le bénéfice net est de 3 francs par milliers de tuiles, ce qui donne 450 francs par an.

5 artisans sont occupés alternativement aux ouvrages de charpente, charonage et tonnellerie. Ils employent aussi une partie de leur tems aux travaux de l'agriculture. Tous travaillent à la journée ainsi qu'un tailleur d'habits et son compagnon apprenti. Le salaire de ces artisans est d'environ deux francs vingt cinq à cinquante centimes, 2 fr. 25 à 2 fr. 50 par jour.

L'un deux seulement qui paie patente entreprend quelquefois de légers travaux de charpente.

Un seul maréchal (2) est établi dans la commune pour ferrer les chevaux, construire et réparer les instrumens et outils nécessaires à l'agriculture.

D'après cet exposé, on va réunir dans le tableau suivant les produits arbitrés de l'industrie agricole et manouvrière en observant de classer les individus en raison de leurs moyens industriels et de leurs facultés connues.

(1) Un millier et demi de carreaux ou tuiles valaient en 1520, 25 sols ; le cent de tuiles en 1563, 5 sols. Actuellement, elles coûtent le mille, 20 francs.

(2) Un maréchal existait déjà dans la paroisse en 1666, puisque le chartrier de Maleffre nous apprend que, dans un procès qui eut lieu à l'occasion de deux meurtres dans une chasse, un certain Martin Blot vint déposer « que estant dans la boutique d'un *maréchal* qui demeure au lieu de la Chapelle paroisse d'*Arsonné*, pour y faire forger un socq de charrue, il aurait vu les sieurs de Maleffre chasser avecq chiens, oizeau, fuzils, cor de chasse, les uns chassant aux becaces avec oizeau de proye, les autres aux lièvres et perdrix, tant avec chiens couchans que levriers »... (Chartrier de Maleffre. Un procès de chasse en 1666 à Arçonnay).

Pour les différents corps de métiers et la statistique d'aujourd'hui, voir *l'Almanach d'Arçonnay*, années 1909 et 1910, jam. cit.

Tableau des produits annuels du commerce et de l'industrie agricole et manouvrière,

Indication du nombre d'individus divisés par classes	1789	An IX
1 propriétaire faisant le commerce de toiles et de vins	3.000	2.000
1 propriétaire d'une tuilerie avec ses bénéfices agricoles	1.000	1.200
31 individus en 89 et 35 en l'an IX qui ajoutent à leurs revenus un travail agricole ou industriel	23.250	31.500
Nota. Le produit par jour est estimé à 2 fr. 10 sous en 89 et 3 fr. en l'an IX.		
24 individus en 89 et 21 en l'an IX qui ajoutent à un très faible revenu un travail agricole ou industriel.	14.400	14.175
Nota. Le produit par jour est estimé à 2 fr. en 89 et 2 fr. 25 en l'an IX.		
27 manœuvres en 1789 et 34 en l'an IX. . . .	7.100	12.750
Nota. Le produit de leur travail par jour est estimé à 1 fr. en 89 et 1 fr. 25 en l'an IX.		
28 femmes travaillent à la journée en 89 et 30 en l'an IX.	5.040	6.720
Nota. Le produit de leur travail par jour est estimé à 12 sous en 89 et 15 sous en l'an IX.		
Filature d'une partie du chanvre qui se récolte dans la commune	600	660
Totaux.	54.390	69.005

Nota. — Le produit très difficile à apprécier, d'un pareil ouvrage qui se fait par les femmes, dans les veillées d'hyver et dans les momens où les besoins du ménage ne les occupent pas, est évalué à 1.200 livres de fil, dont la main d'œuvre est estimée à

10 sous la livre en 1789 et à 12 sous en l'an IX (1). (Voir, *Mém. hist. sur la paroisse des Menus*, par M. l'abbé Godet, p. 50).

Observations. — L'industrie fait un objet si peu important qu'on a réuni dans le même tableau le nombre des artisans qu exercent différentes professions mécaniques, et comme presque tous s'adonnent alternativement aux différens travaux de l'agriculture, surtout dans les tems des semences et des récoltes, ils peuvent être également rangés dans la masse des cultivateurs. Nous avons donc réuni par des calculs approximatifs faits avec autant d'exactitude qu'il a été possible, les produits annuels de l'industrie agricole et manouvrière, et même ceux à peu près arbitrés d'un seul propriétaire qui fait commerce de toiles et de vins.

Résumé des Recettes et Dépenses.

Dépenses	En 1789	An IX
Total des frais de culture de récoltes et autres objets, cy.	58.300	61.872
Total de la consommation des propriétaires, cultivateurs, artisans et manœuvres pour leur nourriture, leur entretien et celui de leurs familles	59.370	81.667
Total des dépenses.	117.670	143.539

(1) Il ne sera peut être pas sans intérêt de rapporter ici le tableau dressé par la municipalité des Menus (Orne) dans l'hiver 1793-1794 :

	livres	sols		livres	sols
Chandelle, la livre	1	1	Sabot mignon fin.	2	6
Cidre, le pot, 1re qualité. .		5	— — ordinaire. .	1	6
Poiré		3	Vin d'Orléans, le pot. . .	1	
Beurre frais.		14	Laine ordinaire	4	
— salé.	1		Chanvre mâle, le quintal.	30	
Savon.	1	5	— femelle	37	7
Miel commun.		12	Tabac, la carotte.	1	
Huile fine.	1	11	— à fumer.		10
— demi-fine.	1	6	Sel, la livre.	»	»
— de navette.		19	Bois en grande corde, (8 pieds de couche et quatre de haut).	11	10
Vinaigre blanc, le pot. .		1			
— rouge		10			
Eaux-de-vie le pot (2 litres).		1	Cercle à pipe, la meule. .	2	
Sabot d'homme.		12	— à poinçon.	1	2
— de femme		9	Pommes, le poinçon (2 hectolitres 1/2.	5	
— d'enfant moyen. . .		8			
— — petit. . . .		6	Clous à cheval, le quintal.	57	
			— la livre. . .		12

Recettes.		
Total général du revenu des terres et des produits annuels de l'Industrie et du Commerce.		
Total des recettes.	135.540	160.663
Reste en produit net.	17.870	17.124
Montant des contributions.	3.560	5.115
Reste en définitif.	14.310	12.009

OBSERVATIONS. — Ce tableau établit avec assez de précision la somme qui reste, toutes charges payées, aux habitans de la commune, sur laquelle somme les cultivateurs et les artisans payent aux propriétaires le montant de leurs loyers et des terres qu'ils font valoir et des maisons qu'ils occupent. Il résulte des calculs précédens que laditte commune paye maintenant en contributions foncière et mobiliaire le tiers à peu près de son produit net, sans y comprendre la taxe des patentes qui s'élevait en l'an IX à la somme de cent soixante un francs (161 francs).

Si la suppression de la dîme, l'augmentation du prix des denrées et une culture un peu meilleure présente, pour l'an IX, un produit général plus fort qu'en 1789, on voit en même temps que les dépenses ont augmenté dans une proportion plus considérable encore, puisque le reste définitif, pour l'an IX, est de 2.301 francs, plus faible qu'en 1789. Et il l'est davantage pour l'an XI, tant à cause des mauvaises récoltes en l'an X, que par l'augmentation des contributions qui, toutes réunies, s'élèvent, en l'an XI, à la somme de 5.895 fr. 74 (1).

(1) Voici divers prix du pays à différentes époques :

En 1320 :

1 boisseau de froment.	3 sols.	Façon de 2 surplis.....	10 —
— d'orge......	2 —	Vin, le pot.............	8 à 10 d.
— d'avoine....	12 deniers.	1 millier de clous à lattes	8 sols.
1 aune de toile........	5 sols.	— de tuiles......	16 —

En 1526-1532-1546-1557. Années de disette si cruelle que, d'après des manuscrits du temps, on fut obligé de faire du pain avec de la *fougère*.

1 boisseau de bled.....	5 sols.	1 poussin..............	6 den.
1 oie...................	14 den.	20 œufs...............	8 —
1 chapon...............	20 —	1 livre de poivre......	10 livres.
1 geline...............	12 —		

Observations générales.

Les détails contenus dans les observations particulières mises à la suite des différens tableaux qui composent cette statistique, font connaître avec exactitude la manière de vivre, les usages, les mœurs privées et opinions civiles et religieuses des habitans d'Arçonnay, de même que la situation agricole et industrielle de cette commune.

Si le voisinage de laditte ville d'Alençon lui présente un avantage pour le débouché de ses denrées, il lui occasionne, en même tems, des pertes considérables par la facilité que ce voisinage donne à une quantité de vagabonds de cette ville de venir voler impunément les produits de l'agriculture en bois, fruits et autres denrées.

Cet inconvénient, comme nous l'avons déjà dit, empêche les cultivateurs de semer en plein champ le navet, la pomme de terre, les pois verds et autres légumes qui contribueraient à beaucoup diminuer les jachères.

Par le même motif, les propriétaires hésitent à faire des plantations d'arbres fruitiers et autres, dans la crainte de les voir détruites par la malveillance.

En 1563 :			
1 boisseau de bled....	12 sols.	1 échelle.............	4 sols.
— d'orge.....	5 —	5 livres de chandelle et et un quarteron de bougies............	4 —
— d'avoine...	2 —		
1 pipe de chaux.......	2 livres.		

En 1572 :			
1 livre de pain blanc...	12 deniers.	Le meilleur chapon gras	7 sols.
— de seigle bis ou noir.........	7 —	Le couple des meilleurs poulets.............	3 s., 4 d.
1 pinte de vin du pays.	14 —	Le couple de pigeonneaux..............	4 sols.
— d'Anjou ou du Vau-du-Loir...	18 —	1 oison gras..........	2 s., 6 d.
1 cochon gras et de lait.	8 s., 4 d.	La livre de beurre frais	2 s., 3 d.
1 brochet de 2 pieds et demi...............	1 liv. 5 s.		

Ouvriers, tailleurs, maçons, charpentiers, pour leur journée et nourriture, 6 sols.

Le numéraire avait alors une valeur considérable.

(*Extrait du du Registre chronique de Saint-Pater.*— Comptes de fabrique.)

L'un d'eux, qui depuis longtemps fait des dépenses assez considérables pour planter en bois des terrains qui ne sont propres qu'à ce genre de culture, les a vus dévaster pendant le cours de la Révolution, et l'habitude des vols champêtres s'est tellement enracinée, qu'à présent encore il ne peut préserver du pillage ses parties de bois closes de fortes hayes vives et voisines de sa maison (1).

Le garde champêtre qu'on avait établi, soit par défaut d'activité ou par crainte, n'a pu empêcher ces délits (2), et l'on ne parviendra à détruire un pareil brigandage que par de forts moyens de répression, tels qu'on doit les attendre du Code rural que le gouvernement se propose de promulguer. Alors, on aura l'assurance de voir la culture s'améliorer.

Dans l'état présent, le prix des terres éprouve de grandes variations en raison de leur qualité et de la convenance pour l'acquéreur.

Les terres en corps de ferme se vendent difficilement au-dessus du denier vingt de leur revenu. On obtient ordinairement un

(1) Ce propriétaire n'est autre que M. d'Hauteclair lui-même qui, on l'a dit plus haut, ornait de plantations sa propriété. On le verra plus tard, en 1805, faire un rapport intéressant sur les plantations des grandes routes (voir Appendice n° 2). En 1802, il avait fait un mémoire sur les « Moyens d'encourager à planter les bois », que nous n'avons pu nous procurer.

(2) Sans enthousiasme, et uniquement pour se conformer à la loi, les communes rurales élisaient partout des gardes champêtres. A *Fyé*, la municipalité, « déclarant qu'un seul serait bien suffisant, choisissait Jacques Hémery, d'une probité, d'un zèle et d'un patriotisme toujours reconnus, et l'authorisait à aller au district qui déciderait de sa nomination et de son traitement ».

Le conseil d'*Oisseau*, « vu que la récolte est ouverte, qu'un chacun est intéressé à veiller personnellement sur ses propriétés et travailler à sa récolte, arrêtoit qu'il seroit différé d'en choisir un jusqu'à ce que des circonstances plus urgentes exigent qu'on en nomme un; circonstances qui ne se présentoient qu'un an plus tard ».

La paroisse de *Bérus* est encore plus opposée à ce genre de fonctionnaires, car en 1800, voyant que les fonctions de garde champêtre, exercées souvent par partialité, et étant un fardeau dispendieux pour une commune comme la leur, peu fortunée, n'hésitoit pas à demander l'abolition de cette charge, tout en reconnaissant que ces fonctions, cy létaient exécutée umainement, étaient une des premières nécessités.

prix plus fort des morceaux détachés. Il en est de même du prix du loyer en nature ou en argent.

Des pièces de labour, louées ou faites valoir séparément, donnent en nature, par arpent, de deux à quatre quintaux des différentes espèces de grains, suivant la qualité du sol, et en argent depuis 7 à 8 francs jusqu'à 15 et 16 francs.

En corps de ferme, le revenu de ces terres prises l'une dans l'autre, ne s'élève pas beaucoup au delà de 10 à 12 francs l'arpent. Il en est de même des prés et des pâtures. Leur prix de vente et de loyer varie dans les mêmes proportions. Quant aux bois taillis, les dégradations qu'ils ont éprouvées et qu'ils éprouvent encore journellement font que, malgré l'augmentation du prix du bois, le revenu que donnent les taillis se trouve encore inférieur à celui qu'on en tirait avant la Révolution.

La brièveté des baux nuit beaucoup à l'agriculture. Les plus longs n'excèdent pas 9 années. Ceux de 3 et 6 ans sont les plus communs. Une jouissance prolongée jusqu'à 18 ans et même au-delà, déterminerait un bon cultivateur à faire des améliorations dont il serait sûr de profiter. On verrait alors les prairies artificielles se multiplier, le nombre des bestiaux et la quantité des fumiers s'augmenter. Ce nouvel ordre contribuerait essentiellement à la diminution des jachères.

Le droit d'enregistrement est un obstacle à l'usage des baux; ce même droit et celui d'hypothèque empêchent également les échanges. Il serait à souhaiter, autant pour l'intérêt du fisc que pour celui des propriétaires et pour le bien de l'agriculture en général, que ces droits fussent réduits, attendu qu'il se ferait beaucoup moins de baux par conventions tacites, et qu'il se consommerait un bien plus grand nombre d'échanges.

Les vexations que beaucoup de propriétaires cultivateurs les plus à leur aise ont éprouvées dans les campagnes pendant la Révolution, les ont contraints à se réfugier dans les villes. A présent que la tranquillité est rétablie et que le gouvernement manifeste des intentions favorables à l'agriculture, il est à croire que ces propriétaires ne tarderont pas à retourner dans leurs foyers champêtres. Plusieurs y sont même déjà rentrés.

La plus grande partie des biens nationaux et autres vendus dans ce canton depuis douze ans, a été acquise par des cultivateurs qui les exploitent eux-mêmes. Ainsi le nombre des propriétaires faisant valoir est plus grand qu'avant la Révolution.

Les progrès que l'agriculture a faits depuis 1789 sont encore très peu sensibles, et aucune pratique nouvelle ne s'est introduite. Les vols champêtres étant réprimés et la contribution foncière réduite dans une juste proportion (1), alors on doit espérer que les cultivateurs ayant plus de moyens pour améliorer leurs terres avec l'assurance de récolter tous les fruits de leurs travaux ne tarderont pas à perfectionner leur agriculture autant que les localités pourront le permettre.

Toutes les terres du canton de Saint-Pater sont généralement compactes, froides et humides, ce qui fait que la végétation s'y manifeste plus tard que dans beaucoup d'autres cantons du département.

Le milieu de germinal (mars) est l'époque où elle commence à bien se développer.

La floraison des plantes, des arbres fruitiers et des grains cultivés a lieu successivement en floréal (avril), prairial (mai) et au commencement de messidor (juin).

La récolte des foins se fait en messidor (juin); celle des grains en thermidor et fructidor (juillet et août).

La maturité des fruits commence, pour les fruits rouges, à la fin de prairial (mai); les autres, suivant leurs différentes espèces et qualités, se cueillent par intervalles, jusqu'à la fin de vendémiaire (septembre).

La qualité du sol ne permet pas de cultiver la vigne (2).

(1) Voir, à l'appendice n° 3, une lettre de M. de Hauteclair, au sujet d'un Mémoire remis par lui au ministre des finances, sur la répartition plus juste de la contribution foncière dans le département.

(2) Voir les observations. Appendice n° IV.

La grêle et les autres fléaux, qui dévastent souvent les campagnes,ne sont point périodiques, mais, comme nous l'avons dit, il se passe peu d'années que quelques communes du canton n'en éprouvent plus ou moins les funestes effets.

L'hirondelle et la caille sont les seuls oiseaux qui s'arrêtent quelque temps dans le canton. Leur arrivée est en germinal (mars) et leur départ au commencement de vendémiaire (septembre).

La ponte de tous les oiseaux, domestiques et sauvages, commence dans le mois de ventôse (février) et le frai des poissons en floréal (avril).

Les printemps doux et secs favorisent l'apparition et la multiplication des chenilles, des mulots et des taupes, de même que celle des hannetons, qui n'a lieu que de trois ans en trois ans. Mais, dans l'intervalle, la larve de cet insecte mange la racine des plantes, ce qui fait souvent beaucoup de tort aux grains, à l'herbe des prés et surtout aux légumes.

Appendice

I

16 prairial an XI (5 juin 1803). Le Maire et le Conseil municipal de Bérus, au citoyen Auvray, chef de brigade, préfet du département de la Sarthe.

Citoyen Préfet, le Conseil municipal et nous, Maire et Adjoint, avons pris conoissance de votre letre du 24 floréal, par laquelle vous nous çommuniqué un projet qui vous a été presanté pour réunir les deux succursale de Bérus et Arçonuay en une seulle, en batissant une église commune au ameau de Saint-Blaise; nous pansons unanimement, citoyen Préfet, qu'il est impossible que vous puissié adocté le proget quand vous sauré qu'un pareil établisment porés couter de 15.000 à 20.000 francs, puisque il faut le créer en totalité en batissant une églisse du double de celle qui existe dans chaqune des deux ditte paroisse pour pouvoir contenir environ mille individu dont Bérus et Arçonnay peuvent estre peuplé; ensuitte il faudrait agetté un terrain pour construire un prebittaire avec cour et jardin ainsi qu'un autre tairrain pour formair un cimetière le tout entouré de muraille; cette dépanse seret énorme et au dessus des facultés des habitans des deux communes ou il y a peu de propriétaire aizé, par conséquent la majorité très peu fortunée étant situés sur un sol aride et mauvés;

A cet inconvénient, citoyen Préfet, il s'en présante un autre tout ausy grave quy seroit léloygnement des trois cars des habitans de Bérus qui se trouveroient à environ une lieue de poste du hameau de Saint-Blaisse et dont limpossibilité dy aborder à moient de faire un grant tour pendant les moys dhyver en raison de très mauvais chemins et plus encorre par le débordement de deux ruisseaux qui se trouve dans la communication de Bérus à Saint-Blaisse qui dailleurs nest pas le point sentral des deux communes; alors comment espérer que des vieillards, des femmes, des enfants puisse parcourir un pareil traget pendant les saiessons rigoureusses, particulièrement les derniers qui ayant grand besoin de sinstruire des principes de leur religion, ne pourès plus être assidu au catéchisme et à d'autre partie d'instruction, tandis que le citoyen desservant Yvon que nous avons actuelement le leur enseigne consteamment et leur fait de même les petites écolles.

Jugés d'après cela, citoyen Préfet, combien nous serét préjudiciable et affligant un pareil changement; vous ête trop juste et trop éclerré pour ne pas le sentir et pour ne pas lessé les choses comme elles sont; d'autant que notre églisse de Bérus est bonne sollide et bien bastie, que l'intérieur y est propre et très désent pour la célébration du culte et que ce seret une destruction qui affligeret tous ceux quy en serét temoins cy les édiffisse étaient démollis pour avec les materiaus servir a en construire un autre au hammeau de Saint-Blaisse, ce qui feret le malheur de cette commune cy qui a égallement un bon prebittaire quoi qualiennay très convenable au logement du desservant actuel et qui en occupe dès à présent une petite porsion... Voillà, citoyen Préfet, les observations que nous vous prions de prendre en grande consyderation; nous espérons quelle ne vous lesseront aucuns doutes sur limpossibilité de mettre en execution le proget qui vous a esté présenté et qui sans doutte à quelques intérés particulié plutôt qu'au bien général des deux communes importe. Citoyen Préfet, nous avons assé de confianse et de preuve de votre sagesse de ladministration pour espérer que vous ne gréveré pas les habitans de Bérus dont plusieurs se sont réunis à nous pour signer la présente délibération.

Nous nous occuperons très insesamment, citoyen Préfet, de l'aresté des consuls du 7 ventôse dernier, consernant les réparations de nos églisses et de ce qui est relatif au logement du deservant, et la deliberation vous en sera adressée sans delay nayant pas voullu en mettre davantage a vous faire conoiestre nottre sollicitude sur le proget dont vous nous avé entretenu.

2e Lettre sur le même sujet, 12 thermidor an XI (31 juillet 1803).

Le citoyen Maire nous a présenté une lettre du citoyen sous-Préfet de Mamers avec deux délibérations du Conseil municipal d'Arçonnay des 11 et 13 prairial dernier, la première concernant larêté du gouvernement 7 ventôse, l'autre relative à un projet de réunion des deux succursales de Bérus et d'Arçonnay et à la reconstruction d'une église au hameau de Saint-Blaise, laquelle serait plus à proximitté des habitants des deux communes, par la ditte lettre il engage le conseil à s'expliquer sur cette idée qui paroit réunir plusieurs convenances.

Le conseil auroit pu se dispanser de répondre à cette ditte lettre parce que le citoyen Le Mouton de Boisdeffre, propriétaire de cette commune avoit asseuret plusieurs de nos membres que les citoyens Hébert père et fils qui avaient enfanté le projet de réunion des deux communes, destruction des deux églises et reconstruction d'une neuve à Saint-Blaise s'en désiste ainsi que le Conseil municipal d'Arçonnay, mais pour vous prouver, citoyen, lenvye que le Conseil a de satissefaire à votre demande il vous répond ainsi qu'il suit :

1° Il est faux queunne église à Saint-Blaise soit plus à proximitté des habitans des deux communes, au contraire, elle serait beaucoup éloignée des trois cars des habitans de Bérus, elle ne serait pas même au centre de celle d'Arçonnay.

2° Qu'il serait plus difficile à majeure partie des habitans de Bérus de se rendre à la nouvelle église de Saint-Blaise dans les saisons rigoureuses par le débordement des eaux quà la leur actuelle.

3° Qu'il est égallement faux que l'églisse de Bérus soit trop petitte, au contraire elle nest jamais plainne de ses habitans dans les festes les plus solennelles.

4° Le conseil affirme que notre église est bonne, solide et peut encore durer plus de troix cents ans au moyen quelque réparation locative quil estime y compris les hornements, vases, linges et autres objets pour le service du culte a la somme de cinq centimes par franc sur les contribution foncière et samtuaire ainsi quil est dit dans notre areté du 8 messidor dernier.

5° Que les frais de la reconstruction d'une église au hameau de S.-Blaise seleveroit au moins à la somme de 15.000 à 20.000 francs, distraction faitte des charoys de matteryeaux qui seront faits graduittement par les habitans ainsy que de tous les obgets quil voudront se charger de fournir, dit fort bien et très economiquement le conceil municipal d'Arçonnay qui n'a consulté aucun desdits habitans qui tous lui auroient répondu négativement.

6° Que le conseil pense quil est inutille de penser dans lachapt d'un prebitaire dans ce moment icy; que les habitants sont peu fortunés le sort étant fort ingrat et en majeure partie mauvais, que le deservant habite partie du prebitaire à location dont ille est contant, ce qui est bien moins dispendieux pour lesdits habitans, que ledit ministre du culte exerce très bien ses fonctions, ainstruit très bien la jeunesse, ce qui fait que le monde en est content.

Blot, maire; F. Aguilé, adjoint; Morineau, vice-président; Mercier, Jacques Poret, secrétaire; J. Guilmin, Soursas;

Quant à la question du presbytère, elle n'était définitivement réglée que quelques années plus tard, en 1809.

II

Réflections sur la manière d'exécuter la plantation des grandes routes ordonnée par la loi du 9 ventôse an XIII (28 fév. 1805).

Lettre de M. d'Hauteclair à la Société des Arts du Mans.
18 floréal an XIII (7 mai 1805).

L'utilité publique et particulière, la commodité et l'agrément des voyageurs se réunissent pour faire désirer que cette loi soit promptement exécutée.

Les avantages qui doivent résulter de la plantation des grandes routes et chemins vicinaux furent sentis dès le xvie siècle. Les lettres patentes d'Henri second, du 19 janvier 1552, et l'ordonnance de Blois du mois de mai 1579 en sont la preuve.

Sully, en sa qualité de grand voyer s'occupa au commencement du xviie siècle de l'exécution de ces loix, interrompue par les guerres civiles qui désolèrent la France sous les règnes des deux prédécesseurs d'Henri Quatre. On a vu longtemps sur les grands chemins de vieux arbres appellés Rosny nom de famille de ce grand ministre.

Le siècle de Louis XIV, si fameux par le progrès des sciences, des arts et de la bonne littérature, n'offre rien qui intéresse la confection et la plantation des chemins.

On ne s'en occupa sérieusement que sous la Régence, et cette partie de l'économie publique eut un administrateur particulier, chargé du détail des Ponts et Chaussées.

Alors la plantation des grands chemins fut ordonnée par un arrêt du Conseil du 3 mai 1720.

En exécution de ce réglement, lequel a été en vigueur jusqu'à ce jour à quelques modifications près, des arbres de différentes espèces, suivant la qualité du terrain, devaient être plantés par les propriétaires riverains, et à leur défaut, par les seigneurs ayant le droit de voyrie, à la distance de trente pieds l'un de l'autre et à une toise au moins du bord extérieur des fossés des grands chemins et branches d'iceux.

La négligence et l'irrégularité avec lesquelles ces plantations furent faites, tant de la part des propriétaires que de celles des seigneurs voyers, déterminèrent l'administration, vers le milieu du siècle dernier, à faire planter, aux frais du gouvernement, lès vuides qui restaient le long des anciennes grandes routes, et presque en totalité les routes nouvelles, ouvertes et construites depuis en très grand nombre. Ce nouvel ordre ne fut suivi, avec exactitude, que dans la seule généralité de Paris, où l'on distingua par des marques imprimées sur les arbres ceux qui appartenaient au gouvernement de ceux que les propriétaires riverains ou les seigneurs voyers avaient fait planter.

Un arrêt du conseil du 6 février 1776 rendu sous le ministère de M. Turgot renouvella les dispositions de celui du 3 mai 1720, en ce qui concernait la plantation des grandes routes construites par ordre du gouvernement eu égard à la situation et à la disposition de ces routes.

La permission donnée par ce nouvel arrêt aux seigneurs voyers de planter les chemins dans l'étendue de leurs seigneuries n'eut plus lieu qu'à défaut par les propriétaires riverains d'avoir planté dans un an à compter du jour où les chemins auront été entièrement tracés et les fossés ouverts.

Tout annonce que la loi du 9 ventôse an 3 sera mieux exécutée que les anciens réglements qu'on vient de faire connaître. Le gouvernement débarrassé d'une foule d'autorités secondaires qui entravaient sa marche sous la royauté, n'a plus à vaincre que les obstacles qui proviennent de la nature et de la situation des lieux pour atteindre le but fixé par la loi. Mais, quoique les dispositions de cette loi soient claires et précises, il est néanmoins des préparatifs à faire et des précautions à prendre pour la célérité et la sûreté de leur exécution.

Tel est l'objet des réflections que nous allons présenter.

Les grandes routes de l'empire de première et de deuxième classe auxquelles on a donné dix toises de largeur entre les fossés, ce qui fait un peu moins de 20 mètres, peuvent être plantées, dans leur intérieur, des espèces d'arbres forestiers propres aux différentes qualités du sol. En supposant 4 mètres pris de chaque côté pour la banquette où la plantation sera établie et pour le contre-fossé, il restera 12 mètres environ, largeur suffisante pour la circulation des voitures, excepté aux abords de la capitale et de quelques autres grandes villes de l'empire où il faut éviter les embarras qu'occasionnerait, sur un chemin trop resserré, le grand concours des voyageurs.

L'administration prendra, à cet égard, le parti convenable aux localités et à la décoration que l'entrée de ces villes peut demander.

Après avoir déterminé quelles sont, dans chaque département, les grandes routes susceptibles d'être plantées dans leur intérieur, il sera nécessaire de prendre, le plus tôt possible, une connaissance détaillée de la qualité des différens terreins que les routes traversent, afin d'y planter les espèces d'arbres qui peuvent le mieux y réussir. Ces connaissances prises et la distance fixée d'un arbre à l'autre, on en instruira les propriétaires riverains de ces routes pour que chacun d'eux puisse réunir dans le délai fixé par la loi l'espèce et la qualité des arbres qu'il sera tenu de planter.

L'arbre assez généralement adopté jusqu'à ce jour pour la

plantation des routes est l'orme. Son utilité, jointe à la beauté et à la durée de son feuillage, lui méritait cette préférence, mais comme il ne prospère pas également, qu'il languit et meurt bientôt dans les terrains sableux ou trop humides, on plantera sans doute dans les endroits convenables le frêne, le hêtre, les différentes variétés de pins, de peupliers et même quelques arbres étrangers acclimatés en France et d'une utilité reconnue.

Mais comme il est presque sûr que les propriétaires riverains pour la plupart n'auront pas ou négligeront de se procurer l'espèce et la qualité des arbres qu'on leur ordonnera de planter, on peut-être assuré que l'administration se verra obligée de faire faire la plus grande partie des plantations aux frais de ces propriétaires en retard.

Cela posé, pour que l'administration elle-même se mette en état de faire exécuter la loi en fournissant aux propriétaires les arbres dont ils auront besoin; on pense qu'il est à propos de former, sans délai, des pépinières dans les départements qui en manquent, afin d'être sûr de la qualité des arbres et d'éviter la dépense d'un transport éloigné.

Soit que les propriétaires riverains plantent eux-mêmes soit que l'administration fasse planter à leurs frais, il est nécessaire que l'alignement des arbres et l'espace qu'on doit observer entre eux soit réglés par elle, de manière à ce que la symmétrie soit observée autant que les localités pourront le permettre. Les soins à prendre pour bien planter doivent être également prescrits, et l'on pense que la meilleure manière serait de planter dans une tranchée ouverte sur un mètre et demi de largeur, à la distance d'un mètre environ du bord intérieur du fossé de la route. Cette méthode qui donne aux racines la facilité de s'étendre au loin dans une terre remuée est bien préférable à celle des fosses isolées, dans lesquelles l'arbre se trouve encaissé, de manière que les racines parvenues au terrain naturel étant encore trop faibles pour s'y introduire, l'arbre qu'on a vu prospérer d'abord finit par dépérir faute de recevoir les sucs nécessaires à sa croissance.

Il paraîtrait convenable que la banquette au milieu de laquelle les arbres seront plantés eut au moins deux mètres de largeur, et si l'on craignait que les racines se trouvassent, encore trop gênées par le contre fossé, ne pourrait-on pas le supprimer? Alors, pour défendre la plantation on ouvrirait entre chaque arbre un fossé de largeur suffisante pour remplir cet objet. Ce moyen pratiqué avec succès en plusieurs endroits semblerait devoir être adopté, surtout si l'on considère encore qu'en ajoutant à la largeur du contre-fossé celle que prendra le dépôt habituel des matériaux nécessaires à l'entretien de la chaussée, le passage pourrait devenir trop resserré. Cet inconvénient n'aurait pas lieu si l'on se servait du contre-fossé comme d'une caisse pour y déposer les matériaux.

Quant aux autres grandes routes dont la largeur ne permettra pas de planter sur le terrain appartenant à l'Etat la distance de deux mètres du bord intérieur des fossés conviendra sans doute pour l'alignement à donner aux propriétaires riverains qui voudront planter plus près que six mètres de la route. Cette distance de deux mètres fixée généralement jusqu'à ce jour semble devoir être observée surtout pour les arbres fruitiers dont les branches latérales s'étendent beaucoup horizontalement. Pour ce qui concerne la plantation des chemins vicinaux, on ne voit aucunes observations à faire sur ce que la loi ordonne à leur égard (1).

III

A La Chevalerie, commune d'Arçonnay, 27 vendémiaire an XI.

Le citoyen d'Hautcclair, membre non résidant de la Société libre des Arts au citoyen de Tournay secrétaire général de la dite Société.

(1) Archives de la Société des Arts du Mans, dossier d'Hauteclair, XVI, D, 6.

Citoyen Collègue,

J'arrive de Paris, et pendant le séjour que j'ai fait dans cette capitale, je me suis occupé d'un objet qui intéresse particulièrement le département de la Sarthe, celui de faire connaître au gouvernement la surcharge qu'il éprouve dans la répartition générale de la contribution foncière et combien cette répartition est vicieuse dans son intérieur.

J'ai rédigé, en conséquence, un mémoire que j'ai remis aux autorités compétentes avec lesquelles j'ai discuté les moyens que je propose pour parvenir autant qu'il me paraît possible à une égale répartition de cet impôt.

Comme je n'ai agi dans cette circonstance que de concert avec le citoyen Auvray notre préfet, je viens de l'instruire, en lui envoyant mon mémoire, de toutes les démarches que j'ai faites, et des dispositions dans lesquelles j'ai laissé le Ministre des Finances et la commission formée auprès de lui pour s'occuper des moyens de repartir la contribution foncière avec la plus grande égalité.

Je souhaite que le résultat de ce travail mette le gouvernement à portée de rendre au Département de la Sarthe la justice qu'il réclame depuis longtemps.

Etant informé que l'administration forestière est chargée de proposer un règlement qui tende à encourager les plantations et le repeuplement des forêts nationales et des bois qui appartiennent aux particuliers, je vous serai très obligé de me renvoyer, ainsi que nous en sommes convenus, la minute d'un mémoire sur cette matière que j'ai eu l'honneur de vous remettre.

Je pourrai peut-être y faire quelques additions et changements utiles dans cette circonstance, et si la Société a fait quelques observations à ce sujet, je vous serai très obligé de me les communiquer.

Je vous salue avec une parfaite considération,

D'Hautéclair.

P. S. — Je vous serai obligé de m'adresser sous le couvert de mon fils maire de cette commune ce que vous aurès à me faire parvenir (1).

IV. — Sur la Vigne.

Malgré l'introduction, dès le XIIe siècle, des pommiers dans le pays qui ne tardèrent pas à donner l'excellent cidre normand si justement renommé, on continua cependant, jusqu'au milieu du XVIIe siècle, la culture de la vigne qui, elle, il est vrai, ne donna jamais qu'une mauvaise piquette.

Si M. d'Hautéclair eût eu connaissance du *Chartrier de Maleffre* qui, un siècle plus tard, devenait la possession d'un de ses descendants, il eut vu, à *Cherisay*, en 1492, la vente d'une *pièce de vigne* au lieu du Tertre pour le prix de 100 sols tournoys, monnaie courante, par Jehan Fouqué, paroissien de Cherisé à Jehan Pavy — en 1508, la déclaration des procureurs de la fabrice, d'une *portion de vigne* sous les rochers de Cherisé; même année, déclaration de Me Jehan Porcher, prestre curé de Cherizé pour la maison presbytéralle de 4 quartiers de vigne, assis près dud. presbytère, côtoyant le domaine du prieuré de Cherizé; à *Béthon*, en 1541, déclaration à Mgr Charles de Bourbon, chevalier, vicomte de Lavedan, époux de Françoise de Sill), d'*une vigne* située près de la justice patibulaire, à Rouessé-Fontaine, en 1559, dans un traité de mariage passé le 24 sept. en la maison seigneuriale de Maleffre en Arçonnay, entre François du Bouchet et Marie de Tuci, fille de Jacques, seigneur de Brestel, celui-ci promet à sa fille *sept quartiers de vigne*, nommées le Rousay.

Dans le même chartrier, il eût trouvé la quittance suivante de deux vignerons à la fin du XVIIe siècle : Du 3e jour d'aoust 1678 après midy par devant nous Abraham Leconte, notaire

(1) Archives de la Société des Arts du Mans, dessin d'Hauteclair, XVI, D, 2.

juré et retenu en la cour royale du Maine, demeurant à Saint-Pater près Alençon furent présens Christofle Pisson, de Cherizé, et Germain Mauger, de Bérus, lesquels ont recogneu et confessé avoir receu auparavant ce jour en louis dor et dargent et autre monnoye à présent ayant cours de Guillaume Labbé sieur de la commune sy devant fermier judicière de la seigneurye de Maleffre et chosses en despendantes par les mains et des deniers de Dame Marthe Boullemer femme sesparée quand aux biens de Me Jean du Bouchet, escuier, seigneur de Maleffre et demeurant à Saint-Gilles la somme de 33 livres pour avoir par les d. Pisson et Mauger, taillé, beiché et biné les vignes du Grand Béthon en la présente année, de laquelle somme les d. Pisson et Mauger se sont tenus contens...

On sait, par ailleurs, que les vignes plantées dans les environs de Fresnay, à quelques lieues seulement d'ici, datent au moins du IVe siècle, puisqu'à cette époque l'église de Douillet devait à la cathédrale du Mans de la cire, de l'huile, du grain et du *vin recueillis* par elle. En 1097 la vigne était cultivée à Fresnaye et dans les environs, puisque cette année Robert donne à l'abbaye de Saint-Vincent les dîmes du *vin* qu'il a à *Fresnay*. En 1660, la vigne était encore cultivée en grand dans ces pays. Longtemps avant 89, chaque bourgeois de Fresnay possédait une vigne aux côteaux du Bourg-Neuf et se contentait du vin qu'il y récoltait. MM. Delélée, Hatton, de Jupilles, Contencin, etc. avaient chacun leur clos. Henri IV buvait des vins de Suresnes, et le bourgeois de Fresnay des vins des coteaux du Bourgneuf. On voit encore par ci par là dans quelques haies quelques ceps de vignes qui ont résisté à la destruction de ces vignobles (*Chroniques de Fresnay*, par A. Le Guicheux, 1877, p. 201).

www.ingramcontent.com/pod-product-compliance
Ingram Content Group UK Ltd.
Pitfield, Milton Keynes, MK11 3LW, UK
UKHW021937200726
13855UKWH00007B/1272

9 782013 044349